CRÔNICAS DO FUTEBOL AMERICANO

ANTONY CURTI

ACTIONBOOKS

Produção editorial HiDesign Estúdio

Preparação de texto Antony Curti
Revisão de texto Nathalia Ferrarezi
Projeto gráfico e diagramação HiDesign Estúdio
Capa Bruno Clozel

Dados Internacionais de Catalogação na Publicação (CIP)
(Câmara Brasileira do Livro, SP, Brasil)

Curti, Antony
Crônicas do futebol americano / Antony Curti. --
São Paulo : Actionbooks, 2017.

ISBN 978-85-93859-00-7

1. Crônicas brasileiras 2. futebol americano - Brasil - História
3. Jornalismo esportivo I. Título

17-04590 CDD - 869.3

Índices para catálogo sistemático:
1. Crônicas jornalísticas : futebol americano :
Literatura brasileira 869.3

2017

ActionBooks
Rua Itanhaém, 461
03137-020 - Vila Prudente - São Paulo - SP - Brasil

PREFÁCIO À EDIÇÃO ORIGINAL EM *E-BOOK*

As crônicas que você lerá a seguir são o legado do *The Concussion*, *site* que criei em 2011 para poder falar sobre futebol americano com outras pessoas – e não apenas com meu espelho ou sozinho ao assistir aos jogos. Elas foram publicadas entre 2012 e 2015 diretamente no *site*, mas, com a mudança dele para *ProFootball*, decidimos tirar todas da internet e deixá-las apenas aqui em versão de *e-book*.

Explico.

O *The Concussion* fez parte da vida de muita gente. Essa foi a forma que encontramos para que um pedaço dele tenha sua identidade única: todas as crônicas publicadas pelo *site* – as quais são textos praticamente únicos e que nos caracterizaram por anos, reunidas. Ao mesmo tempo, com o *e-book*, você pode ter um pedaço do The Concussion para si. Dessa forma, tudo o que foi feito pelo *The Concussion* em todos esses anos nunca será esquecido.

PREFÁCIO À PRIMEIRA EDIÇÃO

Aqui estamos, menos de um ano após o lançamento da primeira edição do *Manual do Futebol Americano*, outro livro. Este, na verdade, é um filho mais antigo. Explico.

Ao final de 2015, decidi que seria melhor mudar o nome do *The Concussion* para outro. No início, meu objetivo era claro: conscientizar as pessoas de que a concussão existe. Colocar o nome num *site* foi o meio que encontrei para mostrar que, não, a lesão não é só frescura.

Passados quatro anos, o *site* estava enorme – grande como nunca imaginei que seria. Ele acabou sendo minha porta de entrada em outra profissão, o jornalismo, com a qual sonhava antes de fazer o vestibular – nele, acabei optando pelo direito.

O *site* ficando grande fez que o mais diverso público aparecesse. De repente, ele não era aquela coisa meio *underground* com leitores fiéis e amigos. Alguns leitores mais casuais apareceriam e não saberiam – como os mais fiéis sabiam desde o início – que o nome do *site* era para conscientizar e não para "fazer apologia" à lesão. Infelizmente, alguns com o segundo pensamento apareceram.

Posto isso, decidi pelo *rebranding*. Como seria doloroso, achei que algo positivo deveria vir disso. E veio: um *e-book* e agora este livro.

***

Quando estava na sétima série, as aulas de redação viraram um tormento sem igual. Antes eu me julgava um bom aluno na matéria. Depois, naquele ano, a professora nos apresentou a crônica como gênero literário. Eu simplesmente não conseguia fazer. Sempre incorria na narrativa com personagens demais e seus recursos em vez de impor um teor de crônica no texto. Naquele ano, passei raspando em redação.

Anos depois, consegui fazer crônicas. Várias delas. Nada mais são que recortes históricos. Não só do momento histórico da NFL, mas do meu próprio momento histórico. Por conta disso, decidi deixar o texto intacto como fora publicado no *The Concussion* e, depois, no *ProFootball*. Nos textos, como você verá, Aaron Rodgers ainda namora Olivia Munn, embora o casal tenha se separado ao final de abril de 2017. Em alguns textos, Brady ainda tem "apenas" três Super Bowls. O momento histórico, vale ressaltar, foi preservado.

***

A crônica esportiva é um gênero literário que há muito não está em voga. Na metade do século passado, era uma das formas que o leitor se informava e se emocionava. Acima de tudo, é um gênero tipicamente latino – você dificilmente verá um livro como este, tendo o futebol americano como pano de fundo, em inglês.

Quando se fala em crônica esportiva, é impossível se esquecer de Nelson Rodrigues. Nos anos 1950, Nelson rotineiramente escrevia este gênero literário, nas páginas da *Manchete Esportiva* e de outros veículos de mídia impressa da época. Termos como "pátria de chuteiras" foram imortalizados nas linhas e nas palavras escritas por Nelson naquela época.

Hoje, com a agilidade que o Twitter impõe aos fatos – e com o debate se impondo nos programas esportivos –, é cada vez mais raro ver crônicas que possuem o esporte como assunto. Entre as notórias exceções, por vezes imagens são ilustradas por belíssimos textos de André Kfouri em jornais e programas da ESPN.

De toda sorte, a crônica é cada vez mais rara. Este livro é uma oportunidade de dar ânimo ao gênero. O esporte é apaixonante – por que não contar suas histórias de maneira a apaixonar?

***

Os textos que você verá a seguir podem ter um caráter fantasioso – como Derek Carr escrevendo uma carta para seu irmão – ou mesmo em tom de fábula. Em alguns, você perceberá como eu acredito em uma verdade: os esportes muitas vezes são um microcosmo de nossa sociedade. Neles, alguns de nossos problemas podem aparecer. Um time pode querer um *franchise quarterback* tanto quanto alguns de nós querem encontrar uma alma gêmea. Jogadores passam por adversidades tanto quanto nós. Em algumas dessas crônicas, portanto, tentei passar uma mensagem positiva.

De fato, ajudou muitas pessoas. Desde que elas foram originalmente publicadas – ou depois, quando foram publicadas juntas, como *e-book* –, recebi várias mensagens de carinho. Mensagens que me diziam como um texto ou outro ajudou dado leitor em alguma parte da vida.

Fazer parte do seu caminho e usar o futebol americano para ajudá-lo, de certa forma, é um prazer indescritível.

***

Como dito, portanto, esta compilação foi lançada originalmente como *e-book*. Depois, optei por fazer que ela fosse livro também – mas não só, acrescentei crônicas que escrevi no *ProFootball* de 2015 até abril de 2017. Assim, este livro é uma versão mais completa do que a primeira edição em *e-book* e serve como "irmão emotivo" do *Manual do Futebol Americano*.

Esta edição não é a definitiva, dado que pretendo escrever mais e mais crônicas. Daqui a três anos, mais ou menos, lançaremos mais uma compilação com os textos escritos no final desta década.

Escrever é uma paixão que tenho e sempre tive. Serve como terapia, como forma de conversar com pessoas que nunca conhecerei na vida. Serve como forma de fazer que o sonho daquele menino de 14 anos – o de ter alguém para conversar sobre NFL na segunda enquanto estava no colégio – se realize a cada vez que alguém abre este livro. Nas próximas páginas, faremos do futebol americano uma realidade onde estamos juntos.

Antony Curti

Outono de 2017

SUMÁRIO

1. A SOLIDÃO DE BRADY

Somente um *quarterback* disputou quatro Super Bowls e venceu todos. Seu nome era sinônimo de infância para Thomas. O menino que hoje veste a camisa 12 nasceu em San Mateo, Califórnia. Cresceu desengonçado, nas proximidades do Candlestick Park. Reza a lenda que ele estava em 1981 naquele estádio. Reza a lenda que ele viu Dwight Clark receber aquela bola impossível que deu início à Dinastia do 49ers e começou a matar o America's Team de Tom Landry. Reza a lenda que naquele Super Bowl XLVI ele se vingaria.

Não deu. Por mais que tenha conduzido uma das maiores campanhas da história do Super Bowl, por mais que ele tenha dado tudo de si, o esporte ainda é coletivo. Mais uma vez o New York Giants tinha a posse de bola no final do jogo e virou a partida. E mais uma vez ele orou a Nossa Senhora. Mas Hail Mary não atendeu ao seu pedido. Não deu.

***

Ele estava ainda uniformizado. Pensamentos passavam por sua cabeça. Jogadas que não foram completadas. Oportunidades que não foram aproveitadas. Mais um Super Bowl que escapou pelos dedos. Giants, de novo para o Giants. Naquele momento, o relógio marcava 10:04 da noite.

Os minutos passavam e Tom Brady não se mexia. No vestiário patriota, via-se a depressão, olhos fitando o nada e cochichos. O que aquelas pessoas estariam falando? Não importava para ele. Como se estivesse grogue após doses de álcool, Thomas continuava sentado e imóvel. Com o tecido azul tocando sua pele. Com o *shoulder pad*, sua armadura, amarrada a seu corpo. Imóvel.

É a dor de ter... quase ter tudo. É a dor de sair com o nada. Mesmo com todo o dinheiro que os jogadores ganham, mesmo com a glória que eles recebem... Isso de nada importa quando se é o jogador no vestiário do perdedor do Super Bowl. Mesmo sendo marido de uma das mulheres mais bonitas do mundo, naquele momento ele era humano. Era vulnerável, era mortal, era perdedor.

Ninguém estava como Brady. Alguns outros tiraram seus uniformes. Outros, ainda, já haviam se dirigido à área de coletiva de imprensa. Outros davam tapinhas nas costas de seus companheiros, com sorrisos amarelados. Não Brady. Tommy continuava fitando o chão. Continuava solidificado com suas vestimentas de herói.

Herói. Afinal de contas, essa é a melhor descrição de um *quarterback*. É assim que os pioneiros vislumbraram a posição quando o futebol americano se separou da nascente do rúgbi com o *passe para a frente*. Aquele homem, guia, herói, era o responsável pela conquista de território adversário. Muitos o veem como vilão. A nação patriota o vê como herói. Naquele momento, eu o via como ele é: humano.

Alex Guerrero, fisioterapeuta de Brady há tempos, sentou-se ao seu lado e tentou confortá-lo. Em vão. Suas palavras impacto algum tiveram. Brady não se mexeu. Suas palavras entraram da mesma forma que saíram: ondas de som que percorrem o meio material – sem que esse meio material seja o coração. Era apenas o vento.

10:12 DA NOITE

A motivação não vinha apenas da vingança contra Nova York. Não vinha pelo fato de Boston odiar Manhattan como o céu odeia o inferno. Vinha da bondade. Em 2000, após ser escolhido na sexta rodada, Robert Kraft cumprimentou Brady no Training Camp. Chamou-o de Kyle (Brady), *tight end.* Thomas, desconcertado, corrigiu Kraft – o todo-poderoso dono da franquia de Foxboro. E completou: "Me escolher foi a melhor decisão que o senhor já tomou". Não havia dúvidas que fora. Doze anos depois, a mulher de Kraft (Myra) veio a falecer. Os jogadores de New England ostentaram uma homenagem a ela em seus uniformes durante toda aquela temporada.[1] E Brady queria desesperadamente dar o tetra àquele homem de coração e vida vazios.

Kraft entrou no vestiário, colocou sua cabeça no ombro de Brady, em cima dos *shoulders pad,* e falou suavemente em seus ouvidos. Abraçou sua cabeça e saiu. Não se sabe o que foi dito. Brady nem sequer olhou para cima. A toalha continuava na cabeça. Ninguém, absolutamente ninguém poderia confortar aquele coração.

10:14 DA NOITE

Kraft então recuou e fora falar com Bill Belichick. Ambos com olhares vazios. A saga de sete anos na busca pelo tetra novamente ruiu nas mãos gigantes de um recebedor de Nova York. Eles tinham a bola, a liderança e quatro minutos no cronômetro. Eles tinham o Giants nas mãos. A defesa, que, ao início daquela temporada se provou amadora, agora se mostrou brilhante. Brady, embora com erros bobos no início do jogo, comandou um *drive* de uma *end zone* para a outra – 16 passes completos de 16 tentados. Tudo o que eles precisavam era uma jogada perfeita. Na defesa, no ataque… Em qualquer lugar.

1 Um *patch* com as iniciais "MHK" no uniforme.

Essa jogada não aconteceu. Em vez disso, eles saíram de campo com confete vermelho e azul caindo em seus capacetes. Mais uma vez Nova York. Como? Por quê? Não há uma resposta fácil. Talvez não agora. Talvez não. Talvez nunca. A derrota no último Super Bowl os assombrou, mas os motivou a chegar lá de novo. Mas a dor voltou e ela não vai embora... não tão cedo.

Belichick e Kraft se viraram e fitaram Brady. Ele continuava olhando o nada. Olhando o chão do então vestiário de Peyton Manning.

Ele não poderia ficar ali para sempre. Aos poucos, emocionado, Brady tirava a fita de seu tornozelo direito. Devagar, absolutamente devagar, como um ritual. Ele respirou fundo, negou a situação com a cabeça e bebeu um gole de um líquido semelhante a Gatorade. Tom tentou tirar o *pad*, tirou a toalha da cabeça. Sentou-se novamente, batendo suas costas contra a parede. Não tinha forças para respirar. Não tinha forças para se mover. Não tinha forças para seguir em frente depois de mais uma derrota para o mesmo inimigo. Por que aquilo estava acontecendo com ele? Por que aquele sonho que começou em New Orleans se mostrava um pesadelo em Indianápolis?

Kraft novamente veio. Outras palavras de conforto. Outro abraço. Ninguém mais sabia o que fazer para mover Tommy. Ele, com tanta postura no *pocket*, com tanta presença, agora restava inerte no vestiário do time perdedor do Super Bowl. Mais uma vez.

10:18 da noite e, no campo, Tom Coughlin levantava o troféu Vince Lombardi

Brady tentou novamente tirar o *shoulder pad*. Aquela que é a armadura de um jogador. Um jogador. É isso que Brady é. Um *quarterback* de verdade. Guerrero, o fisioterapeuta, ajudou Brady a tirar sua armadura. Conseguiu. Levantou a cabeça e fitou o vestiário, praticamente vazio. Seus olhos estavam vermelhos. Ele olhava para o nada, sem foco. Os demais, profissionais, saíram. Restou ele, o humano, o apaixonado pelo jogo.

Ele é o cara legal. O cara bonito. O cara que pega a supermodelo. Bonito demais para ser um atleta. Não, não aqui. Aqui ele era apenas um ser humano lidando com a derrota. Um ser humano sem chão. Um relações públicas da NFL veio e pediu uma entrevista – que ele era obrigado, contratualmente, a dar. Brady respondeu que tomaria um banho e se vestiria antes. Tirou sua joelheira e guardou na mala. Foi se limpar.

10:23 DA NOITE

O empresário/agente, Donald Yee, que, naquele momento, seria muito mais um amigo que um agente, chegou ao vestiário. "Mesmo uma longa carreira na NFL é uma curta carreira", Yee disse. Brady é um competidor. Ele trabalha duro, sempre trabalhou. Já foi reserva do reserva do reserva em Michigan. Mesmo com toda sua fama e fortuna, ele não era esse garoto glamuroso que pega modelos quando venceu seu primeiro Super Bowl na supracitada New Orleans. Parecia um conto de fadas após o Super Bowl XXXIX. Mas ali havia dado meia-noite.

Tom já tinha 34 anos. As janelas estavam se fechando.

Foram 41 passes tentados, 27 completos, 2 *touchdowns* e 1 interceptação que veio num momento que Rob Gronkowski não brigou como deveria (se estivesse saudável) pela bola. O passe para Wes Welker, *dropado*. Tom jogou mal? Não. Não jogou. Falar que ele pipocou ou que o Patriots perdeu por sua culpa é absurdamente ridículo e imaturo, e mostra que se não conhece nada do jogo. O esporte é coletivo. Ganha-se e perde-se como um time. T-I-M-E.

Belichick, em 2001, soletrou a mesma palavra ao decidir que Brady seria o titular após a contusão de Drew Bledsoe. Ainda o é. Mais que isso: é a cara de Foxboro, materializada – em forma de herói.

10:31 DA NOITE

Brady ajustou seu terno, sempre elegante - o qual achou que vestiria na vitória. Mas sem a gravata. Não precisava dela. Não precisava estar tão elegante assim. Aquilo não era um casamento, era um funeral. Brady começou a falar na entrevista. Calmo, sereno, perdido. O repórter perguntou o que ele estava pensando quando a toalha estava em sua cabeça. Ele disse que... Pensou nas oportunidades desperdiçadas.

Depois da entrevista contratual, Brady rumou por um corredor ao pódio. Saiu pela porta dos fundos. Gisele estava na porta principal, esperando. Com seu salto alto de 10 cm, Gisele Bündchen gritou "Tommy, Tommy!". Ele não ouviu. Gisele se meteu no meio do público à procura de Brady. Entre cotoveladas, achou-o, deu-lhe um abraço e fitou os olhos vermelhos do *quarterback*. Câmeras ao redor deles tiravam várias fotos.

10:43 DA NOITE

Brady subiu no pódio, microfones capturam sua voz. Primeiro, disse que o Giants tinha crédito e que fizeram as jogadas quando precisaram delas. Falou do *drop* de Welker. Do último *drive* desesperado como fora em fevereiro de 2008. Falou do *safety*. Falou do Hail Mary. Falou tudo o que podia. E disse que o Giants conectou mais jogadas que o Patriots.

A solidão não se define objetivamente. Não se define por estar sozinho materialmente. Ela é definida pelo fato de estar sozinho mesmo ao redor de várias pessoas. Dez minutos de solidão ao redor de vários jornalistas até que o fardo deu-se completo. Levantou-se e procurou Gisele. Abraçaram-se novamente.

10:55 DA NOITE

Brady parecia confortado ao lado de sua esposa, parecia melhor que no momento no qual tirou sua toalha da cabeça.

Apenas deu as entrevistas porque ele é profissional – como sempre foi. Seu olhar continuava rubro e vazio. Seus olhos restavam inchados.

Ambos saíram do então Mundo de Manning, que, naquele instante, era propriedade de Elisha, não de Peyton. Rumaram ao ônibus. Brady e Gisele sentaram-se lado a lado. Thomas bateu a cabeça contra a almofada. Olhou para o teto. E ficou cabisbaixo.

11 HORAS DA NOITE

2. O MELHOR QUE NUNCA FOI

Você conhece Joe Montana.

Descendente de italianos, estudou na católica Notre Dame. No último jogo de sua carreira universitária, ele estava com gripe. Febre. Jogou doente e liderou uma virada histórica contra Georgia no Cotton Bowl de 1979. Naquele ano, foi escolhido por Bill Walsh para ser seu pupilo.

O resto da história você já sabe. Montana veio a ganhar a incrível soma de quatro Super Bowls com Bill Walsh nos 49ers. O que você não sabe é que ele não foi a primeira *namorada* de Walsh.

Não, não foi. Afinal, todos nós temos aquela primeira namoradinha que achamos que será a nossa esposa. Que achamos que será perfeita, que será a melhor mulher do mundo. Mas aí vem o destino e mostra que... Nem sempre o que achamos é verdade. Esta é a história de Greg Cook: o melhor *quarterback* de todos os tempos – que nunca foi.

O Cincinnati Bengals era a cópia do Cleveland Browns. Após ser chutado de Cleveland por Art Modell, o lendário técnico Paul Brown achou por bem criar uma franquia para si, que, coincidência ou não, tinha o mesmo uniforme e mesmo estado do Brown (Ohio). Como haveria uma garantia futura de que as franquias da

AFL seriam unidas àquelas da NFL após a fusão de 1970, Brown embarcou na aventura. E, coincidência ou não, em Ohio um garoto loiro e de passe rápido jogava pelos Cincinnati Bearcats.

Aquele garoto uma vez lançou para mais de 500 jardas num jogo. Parece uma marca e tanto para os dias atuais. Mas lembre-se: naquela época, o futebol americano era um jogo muito mais corrido que aéreo; seria como se hoje um *quarterback* lançasse para 600 jardas – e aquele garoto o fez. Naquele mesmo ano, quis o destino que Paul Brown estivesse nas arquibancadas para ver a vitória de virada arquitetada por Cook contra Miami of Ohio .[2] Ao ver aquele jogo, Brown disse: "Aquele *quarterback*. Esta é nossa escolha do Draft".

E foi. O lendário Brown colocou Cook no destino de Bill Walsh. Naquele momento, dois destinos se juntaram para serem separados por uma fatalidade. Por um lance que possivelmente mudou a história da NFL.

Greg era tudo o que Walsh procurava num *quarterback*. Tinha a mobilidade de Roger Staubach e Terry Bradshaw – algo em voga na liga à época –, e um *release* rápido como o que Dan Marino mostraria ao mundo anos depois. Era a peça perfeita para o rascunho daquilo posteriormente conhecido como West Coast Offense. Preciso, rápido e móvel: três qualidades essenciais para Walsh se apaixonar.

E não só ele se apaixonou. Cook liderou os Bengals a três vitórias em três jogos. Até que, justamente no terceiro jogo, a fatalidade veio. Ele saiu do pocket. Correu para a esquerda. A proteção não estava lá. Nenhum jogador estava lá para bloquear os defensores. Era ele: sozinho contra um *linebacker*. Que chegou. Que *tackleou*. Que machucou. Que matou.

Não, Cook não morreu. Pelo menos não no sentido da morte verdadeira. Cook teve seu rotator *cuff* (conjunto de músculos e tendões do ombro) lesionado. Até aí, você deve pensar, tudo bem;

---

2 Sim, a universidade chama-se Miami e fica em Ohio.

Drew Brees teve o mesmo problema em 2005 e veio a ganhar o Super Bowl depois. O problema é que estávamos em 1969, e a medicina não era tão evoluída quanto no século XXI.

Os médicos do Bengals à época, não se sabe se por descuido, negligência ou impossibilidade científica e material, não fizeram o diagnóstico da lesão. Cook ficou fora de três jogos naquele ano, mas ainda sim foi eleito o *Calouro do Ano da AFL*. Contudo esse prêmio não veio sem determinação, dor e sofrimento. O menino franzino e loiro, amado pelas mulheres de Cincinnati, jogou dopado de cortizona durante o resto daquela temporada.

Seu ombro, aos poucos, foi se desfazendo. Foi virando pó. "Eu tomei cortizona e joguei com dor, mas o ombro não tinha começado a se deteriorar. Eu ainda tinha a força. Eu me senti obrigado a terminar a temporada. Tinha tido um ótimo começo, eu não queria deixar aquilo".

Ele não deixou. Suas médias naquele ano (9,411 jardas por passe e 17,5 jardas por passe completo) são recordes que permanecem até hoje para calouros. No final daquele ano foram mais três cirurgias. Todas em vão. Naquele momento, até seu bíceps estava lesionado. O futebol americano corroeu seu corpo, e sua carreira estava terminada.

Cook tentou voltar em 1973. Em vão. Naquele momento, o assistente técnico do Bengals, Bill Walsh, sentiu que tudo estava acabado. Greg nunca mais pisaria num campo de futebol americano – seu ombro estava no fim. Nunca se soube o que ele poderia ter sido. Nunca se soube o que o calouro do ano poderia ter se tornado nas mãos de Bill Walsh e Paul Brown – dois dos maiores técnicos de todos os tempos.

Aquele gostinho para Walsh ficou na sua mente. Aquela determinação, mobilidade e acurácia ficaram num canto de seu cérebro. A West Coast Offense estava rascunhada, mas seu operador foi operado. Ela teve de hibernar durante anos até que pudesse vir à glória.

O resto da história você já sabe. Joe Montana veio a ganhar a incrível soma de quatro Super Bowls com Bill Walsh nos 49ers. O que você não sabe é que ele não foi a primeira namorada de Walsh. No último jogo de sua carreira universitária, Joe estava com gripe. Febre. Jogou doente e liderou uma virada histórica contra Georgia no Cotton Bowl de 1979. A primeira namorada de Walsh foi Greg Cook. Que morreu em 2012, com gripe, febre e pneumonia. Sem que ninguém soubesse. Sem que ninguém soubesse que ele foi o melhor – que nunca foi.

3. DOZE SEGUNDOS

Disseram que o Seahawks não joga bem fora de casa. Afinal de contas, a maior força de sua equipe era o décimo segundo homem.

Disseram-me que um *quarterback* não pode ser baixo. Afinal de contas, ele precisa ter mãos grandes para não sofrer *fumbles* e ser alto o suficiente para poder enxergar além dos colossais linhas ofensivos.

Disseram-me que você não vai conseguir talentos quando o Draft está em seu segundo dia. Que um *cornerback* muito grande não seria bom, porque não seria tão rápido. Que uma escolha de quinto *round* jamais se tornaria o melhor marcador da liga.

Disseram-me que um defensor raramente ganha o prêmio de melhor jogador do Super Bowl – porque a defesa não deveria ser a estrela do jogo. Que defesas fazem os jogos serem sem graça.

Disseram-me que os *running backs* jamais deveriam ser como Marshawn Lynch, buscando o contato – haja vista que, se o fizer, sofrer à *fumbles*.

Disseram-me que os técnicos não deveriam treinar da forma como fazem no *College Football*. Que eles devem tratar os jogadores como adultos, não de modo positivo e alegre.

A *pick six* de Peyton Manning foi marcada aos 12 segundos do segundo quarto. O Seattle Seahawks alcançou um *safety* com 12 segundos de jogo e retornou um *kickoff* para *touchdown* com 12 segundos no segundo tempo. Não importa o quão longe estejam de Seattle, a torcida sempre estará no coração daqueles jogadores.

Disseram-me que o Seahawks tem um mercado minúsculo, na costa noroeste do Pacífico e que ninguém dá a mínima. Disseram-me que a Nike fez um uniforme lindo e só. Disseram-me que ataques ganham jogos. Mas eu respondi que defesas ganham campeonatos.

4. A VOLTA DE PEYTON

É difícil ver um ídolo cair. A torcida do Indianapolis Colts assistiu inerte à temporada de 2011. Viu Peyton Manning de camisa polo, braços cruzados. Pescoço ferido. Quando, em 2008, Tom Brady se machucou após um *tackle* de Bernard Pollard, ficamos viúvos de seus passes. Sim, é este termo mesmo que usei – viúvos. Foram 15 jogos de ausência. Lembro-me nitidamente quando estava na fila do McDonald's e um amigo me mandou um SMS dizendo que Tom Brady estava fora da temporada.

Não me lembro, porém, do momento exato de quando cheguei à conclusão de que Peyton Manning estaria fora da temporada 2011 e que estaríamos parcialmente viúvos de seu futebol americano. Talvez o processo tenha sido contínuo. Talvez a imagem que me venha à cabeça seja, de fato, a de Manning com os braços cruzados, inerte tanto quanto sua equipe dentro de campo. Não tinha graça assistir a um jogo da AFC South sem ele. Aquela divisão era inteiramente moldada em cima dele; Mario Williams foi *draftado* pelo Texans em 2006, mesmo com Vince Young e Reggie Bush, ambos estrelas da temporada anterior do *College Football* – disponíveis. Williams foi escolhido com um e somente um objetivo: tentar parar Manning.

Quis o destino que quem o parasse na AFC South fosse ele mesmo. Quis o destino que o ingresso para uma partida no Lucas Oil Stadium não valesse o mesmo que outrora. Há poucos jogadores com esse poder. Um deles é Peyton Manning.

Peyton se submeteu a quatro cirurgias no pescoço no final de 2010. Em 2011, passou a temporada toda impossibilitado de jogar. Os Colts foram "castigados" com Curtis Painter como titular e conquistaram apenas duas vitórias na temporada. As duas vitórias seriam o fato gerador de uma Escolha de Sofia na cabeça da torcida e do *front office* de Indianápolis. Manning ou um *quarterback* novo? Óbvio, essa escolha não seria nada fácil. De toda forma, qual era a chance de Peyton ficar sem time? Nenhuma, convenhamos. Era mais fácil apostar na total recuperação do veterano *quarterback* que em algum prospecto que não passava tanta confiança. Naquele março de 2012, ainda sem sabermos como estava realmente a saúde de Peyton, várias equipes foram sondadas como destino na temporada 2012 para o *quarterback*. A primeira que caiu foi o próprio Indianapolis Colts, que cortou o jogador de seu elenco. O Colts buscaria um *quarterback* por meio do Draft – Andrew Luck foi o escolhido.

Restaram diversas outras equipes no *board*; Titans, Cardinals, Seahawks, 49ers, Dolphins, Broncos: muitas eram as especulações. Peyton escolheu o Denver Broncos. Ou será que foi escolhido? Tudo dependeria de sua *performance* na temporada vindoura.

Na sua primeira partida, vitória tranquila e boa atuação. Na segunda partida, a desconfiança reinou: Manning lançou três interceptações – em duas delas, o passe foi atrás do recebedor, motivando alguns críticos a associarem-na com sua lesão no pescoço – os Broncos perderam. A tabela difícil no começo ajudou aqueles que duvidaram do filho mais velho de Archie Manning. Mas ele não é um jogador qualquer. Está longe disso.

A reviravolta teve como ápice o jogo contra os rivais de divisão Chargers, na Semana 6. Naquele jogo, os críticos-médicos-de-plantão começavam a se calar.

Os donos da casa – San Diego – abriram 24 pontos no intervalo. Manning havia lançado uma *pick-six*. As críticas aumentavam, a desconfiança também. E, no segundo tempo, com uma bela atuação da defesa, o Broncos virou a partida para 35 x 24, coroando um dos maiores *comebacks* da temporada regular de 2012, trilhando o caminho de Denver rumo ao título da AFC West e possivelmente da Conferência Americana. Denver tornara-se favorito naquela partida.

Foram 37 *touchdowns*, 68% dos passes completos, 11 interceptações e um *rating* de 105,6. Foram 37 motivos para os críticos se calarem e se renderem ao talento desumano desse jogador.

Bom, danem-se os números. Só as coloquei aqui para fixar melhor, para dar mais embasamento ao que digo. Números são artificiais. Números são meros objetos da matemática e da estatística. Esses números não mostram os *check-ups* feitos antes do *snap*. Esses números não mostram as horas na *film room*. Esses números não demonstram o quão brilhante Peyton é e quão duro ele trabalha para ser o melhor. A volta de Peyton Manning não significa apenas a volta de um jogador. Significa a volta da esperança para nossos olhos, tão acostumados com *quarterbacks* atléticos. Significa a volta da inteligência, a volta de uma lenda.

Lenda por lenda, ele se mostrou humano ao perder – mais uma vez nos *playoffs*. Isso pouco importa. O que importa é ver o número 18 bordado numa camisa suada com pedaços de grama. O que importa é ouvir gritos antes do *snap*, sinais para todo lado. A defesa confusa, tentando disfarçar sua cobertura – em vão. Nada passa despercebido aos olhos dele.

É difícil ver um ídolo cair, mas é lindo ver como ele pode se levantar. E, no final das contas, não importa quantas cicatrizes você tem (no pescoço). O que importa é a história por trás dessas cicatrizes – e as que virão. O campeão voltou.

5. APAGANDO AS LUZES DO CANDELABRO

Já morei em tanta casa que nem me lembro mais.

Esse é um dos versos da música *Pais e Filhos*, da Legião Urbana. Reflete a realidade de muitos times da NFL. Até mesmo o tradicional Green Bay Packers não teve apenas o Lambeau Field como casa. Hoje, 23 de dezembro de 2013 – a menos que uma combinação de resultados com 7% de probabilidade de ocorrer –, o San Francisco 49ers e sua torcida deram adeus.

Não é fácil dizer adeus para um local onde você viveu lembranças. É muito duro saber que você nunca mais verá aquele lugar – ou pelo menos nunca mais verá aquele lugar da mesma forma. A cada segundo, a cada ângulo, a cada olhar, você percebe que se lembra de algo que já ocorreu antes. Algo feliz, algo triste. Algo.

Por que essa nostalgia? Por que o ser humano tem nostalgia? Não sei. Quem controla o passado controla o futuro, já dizia George Orwell em sua obra-prima, o livro *1984*. A história se repete, já dizia o senso comum. Gostamos da nostalgia – e ela libera algum hormônio do prazer no cérebro – porque ela é um mecanismo emocional para que rumemos nossa vida para a felicidade, para repetir aqueles momentos que nos fizeram felizes.

E mudar de casa sempre libera isso! Acaba sendo o ciclo da vida.

O Candlestick Park não foi construído para o futebol americano – longe disso. Existem setores do estádio que ficam propositadamente vazios porque não dá para ver todo o campo de futebol americano. Mais: o formato dele é torto, haja vista que foi originalmente construído para o beisebol, para receber o Giants na mudança para San Francisco, com as arquibancadas acompanhando seu diamante.

Mas nem todos os diamantes são perfeitos, caro leitor. Há alguma coisa diferente nesse estádio. É como se cada um dos torcedores fosse vela. Sim, velas. Cada uma delas queimando, lentamente, durante as partidas. Como se os torcedores fossem velas de oração esperando que o sonho se torne verdade. Ironia ou não, *candlestick* quer dizer candelabro em inglês ou, porta-velas.[3]

The Catch I foi uma oração atendida pelo "católico" Joe Montana. The Catch II, pelo "mórmon" Steve Young.[4] O que me leva a dizer que o Candlestick é um templo. Não à toa, aliás, o último show dos maiores deuses da música – os Beatles – lá foi realizado. Assim sempre quis o destino.

Hoje, porém, depois de 42 anos, ele está defasado. Isso de nada importou hoje. Mais uma vez, a torcida do 49ers acendeu suas velas no candelabro e viu suas preces sendo atendidas.

Mas já é hora.

Ao som de *Hello Goodbye* – dos Beatles, como não deixaria de ser – as luzes do candelabro foram apagando-se uma a uma e em meio a fogos. A despedida veio como tributo pela vaga aos *playoffs*. Vai o Candlestick, vem a pós-temporada. O 49ers já morou em duas casas. Mas o seu torcedor com certeza vai se lembrar de cada momento no estádio feio mais bonito, charmoso e vencedor da história da NFL.

---

3 Referência à universidade em que Montana estudou, Notre Dame (que é católica).

4 Referência à universidade em que Young estudou, BYU (que é mómon).

6. A ESPERA DE AARON RODGERS

A história de Aaron Rodgers, para quem o vê desfilar nos campos da NFC North, *a priori*, pode não parecer tão sofrida. Afinal de contas, quando seria? O camisa 12 de Green Bay já venceu um Super Bowl, fez seu povo esquecer Brett Favre, é bem-sucedido e receberá a quantia impressionante de 40 milhões de dólares na temporada vindoura.

Rodgers namora a bela Olivia Munn e mora ao norte de San Diego. Embora hoje passe a intertemporada ao sul da Califórnia, Aaron nasceu na cidade de Chico, ao norte. Nasceu em 1983 e, quando criança, viu o San Francisco 49ers vencer tudo o que podia. Quando jovem, viu Steve Young levantar o Vince Lombardi Trophy – quão irônico: Green Bay e San Francisco se uniriam em sua história.

Embora o futebol americano tenha lhe dado alegrias na infância, o mesmo não pode ser dito quando do início de sua idade adulta. Rodgers teve números excelentes no Ensino Médio, mas nenhuma escola de Primeira Divisão da NCAA o queria. Por que? Porque sim. Porque ele não tinha as *intangíveis*. Porque *scouters*, afinal de contas, erram. *"You can't always get what you want"*, diz a música dos Rolling Stones. E ele não conseguiu o que queria – à época, estudar e jogar por Florida State.

Abandonar o futebol americano era uma possibilidade latente. Afinal de contas, o menino de Chico teve excelentes notas no colegial e no SAT (*grosso modo*, o ENEM americano). Ele cogitou tacar futebol americano para o ar. Cogitou estudar para se formar em direito. Mas... algo dentro dele não o fez desistir. Contra todas as adversidades, Aaron se matriculou num *Junior College* (novamente, *grosso modo*, uma faculdade técnológica, de apenas dois anos). E quis o destino bater à porta dele novamente com uma bola oval.

A continuação da música diz: "*But You Can Get What You Need*". As reviravoltas continuariam e Rodgers foi descoberto ao acaso pelo técnico dos Cal Berkeley. Ele não estava ali, a 25 km de Chico, para ver Aaron. Foi recrutar um *tight end* daquele time. Aquele time... um *Junior College* que viria a ser campeão nas mãos do calouro Rodgers – campeão da NoCal Conference e rankeado em #2 no país. Como aquele menino foi parar ali? Ninguém sabia explicar. Pela primeira vez, Rodgers experimentou a dor de ser esquecido. A dor de comer e não se nutrir.

O atual camisa 12 do Packers transferiu-se para Berkeley e, em Cal, ele foi estupendo: 43 *touchdowns* e apenas 13 interceptações. Rodgers decidiu não ir ao seu Senior Year.[5] Não. Ele sabia que havia uma equipe desesperada por um *quarterback* no Draft 2005. A equipe? A sua equipe. A sua franquia. A equipe pela qual ele vibrou quando criança. O San Francisco 49ers.

Antes do Draft, havia a dúvida: Alex Smith ou Aaron Rodgers? O garoto prodígio do Norte da Califórnia ou a máquina de *touchdowns* que colocou Utah no mapa da NCAA? A premonição tomou conta daquele Draft. Antes de entrarem no Radio City Music Hall, Rodgers e Smith duelaram. Não verbalmente, não fisicamente. Apenas lançaram uma bola num pneu preso no alto, a

5 Último ano de elegibilidade no *College Football*.

três metros de altura. Se você acha que contarei quem acertou e quem errou o lançamento, espere. Afinal de contas, a curiosidade é um catalizador emocional.

Mike Nolan, técnico do 49ers à época, seria o responsável pela escolha. Ele viu ambos jogarem. Mas nada disso importava. Nolan era tido como arrogante e detestava confrontamento. Acabou por escolher Alex Smith com base em sua personalidade: calmo, introspectivo, quieto. Assim foi durante toda sua carreira, mesmo quando, depois de carregar a equipe para a final da NFC, foi ao banco de reservas após lesão que dá nome a este *site*. Após a primeira escolha, Rodgers ficou atônito. O seu mundo começou a ruir. A negação.

Mas o mundo é um moinho. O problema é quanto tempo esse moinho demora para dar sua volta. E foi uma volta interminável. De gel no cabelo, com um terno que parecia maior que seu tamanho, ele esperou na *Green Room* (sala onde os prospectos esperam serem chamados) por seu nome. Moisés já havia sido escolhido por Deus. A Aaron, restava a espera no purgatório por sua salvação. E ela demorou. Muito.

Dali em diante, vários nomes foram chamados. Nenhum *quarterback*.

Miami Dolphins, Ronnie Brown, Running back, Auburn

OK, o Dolphins não precisava de *quarterback*, nem os outros times que viriam a escolher.

Cleveland Browns, Braylon Edwards, Wide Receiver, Michigan 4 Chicago Bears, Cedric Benson, Running back, Texas

5 Tampa Bay Buccaneers, Carnell Williams, Running back, Auburn 6 Tennessee Titans, Adam Jones, Cornerback, West Virginia

Minnesota (via Oakland), Troy Williamson, Wide Receiver, S.Carolina

Braylon Edwards virou um nômade. Cedric Benson só rendeu por um punhado de anos. Carnell Williams é o corredor com apelido de Cadillac? *Agora não me lembro*. Adam Jones virou *PacMan* e foi preso. E quem diabos é Troy Williamson?

Enfim, não tem problema. Aquele era o momento. Aaron fitou o telefone com força. Com ímpeto. Com vontade de vê-lo tocar. O Arizona Cardinals estava no cronômetro e alguns analistas diziam que o destino de Rodgers seria Glendale, nas proximidades de Phoenix. Não foi. O Cardinal escolheu Antrel Rolle, que viria a ser um líder defensivo daquela franquia por anos.

Arizona Cardinals, Antrel Rolle, Cornerback, Miami (FL) 9 Washington Redskins, Carlos Rogers, Cornerback, Auburn 10 Detroit Lions, Mike Williams, Wide Receiver, USC

Dallas Cowboys, DeMarcus Ware, Linebacker, Troy

San Diego Chargers (via Giants), Shawne Merriman, Linebacker, Maryland 13 New Orleans, (via Houston), Jammal Brown, Offensive Tackle, OKlahoma 14 Carolina Panthers, Thomas Davis, Linebacker, Georgia

Kansas City Chiefs, Derrick Johnson, Linebacker, Texas

Houston (via New Orleans), Travis Johnson, Defensive Tackle, Florida State

Cincinnati Bengals, David Pollack, Linebacker, Georgia

Minnesota Vikings, Erasmus James, Defensive End, Wisconsin 19 St. Louis Rams, Alex Barron, Offensive Tackle, Florida State

20 Dallas Cowboys (via Buffalo), Marcus Spears, Defensive End, LSU 21 Jacksonville Jaguars, Matt Jones, Wide Receiver, Arkansas

Baltimore Ravens, Mark Clayton, Wide Receiver, OKlahoma

Oakland Raiders (via Seattle), Fabian Washington, Cornerback, Nebraska

E a dor continuava. Quem é Fabian Washington? A dor era latente. A espera, pior que nunca: entre a primeira e a 24ª *Pick*, quase 4 horas se passaram. E em todos aqueles minutos, as imagens da ESPN só diziam uma – e somente uma – coisa: para onde vai Rodgers? Como pode aquele homem tão talentoso estar em queda livre no Draft? Seria apenas porque nenhum time precisa de *quarterback*? Seria aquela classe de 2005 tão talentosa assim?

As perguntas eram muitas. As respostas, nulas, inconclusivas. O Draft continuava a ser uma loteria e o destino novamente iria lembraria: "*But You Can Get What You Need*". O que se passava na mente daquele jovem?

"É engraçado para mim olhar para trás, oito anos no passado. Eu estava na Green Room, imaginando se algum time queria me dar uma oportunidade". E aquilo era exatamente o que se via no semblante de Rodgers. Desespero. Pedido de piedade. A mesma sensação que uma criança *ruim de bola* sente na educação física quando todos seus colegas já foram escolhidos. A paciência, dizem, é uma árvore amarga de frutos doces, e o *quarterback* de Berkeley provava um gosto amargo em sua boca: o gosto da rejeição.

Ora, ninguém quer ser rejeitado. O grande primeiro trauma da vida de um ser humano é ser rejeitado da maior zona de conforto que experimentamos na vida: o útero materno. Ao longo da vida, as situações de rejeição são aquelas que nos machucam mais, justamente por se assemelharem ao *trauma original*. O primeiro fora quando adolescente, não passar no vestibular, ser demitido do emprego. Para Aaron, a rejeição durou longas horas. Até que, mais uma vez, ele não teve o que queria, mas o que precisava.

O Green Bay Packers de Brett Favre, com a 24ª escolha do Draft 2005, escolheu Aaron Charles Rodgers, *quarterback*, Cal. Por que o Packers escolheu aquele menino? Afinal, Favre ainda tinha pelo menos dois anos pela frente – o homem era um canhão, não se machucava nunca. Não era uma necessidade imediata, mas a postura com a qual Rodgers lidou com aquela espera interminável dizia muito sobre seu caráter. Dizia que ele sabia ser humilde. Dizia que ele sabia lidar com a pressão. Dizia que ele sabia esperar. Era exatamente o que Green Bay precisava: alguém que pudesse esperar (Favre se aposentar) e, com essa espera, mostrar aprendizado.

Rodgers disse à imprensa naquele momento o que um *quarterback* com *work ethic* diria. "Deus me ensinou muito sobre humildade e paciência. Hoje, Ele jogou ambos na minha face". A experiência daquele 23 de abril e daquela tarde moldou o caráter do *quarterback* franzino em um campeão com direito a *belt*. "Coisas boas acontecem para aqueles que esperam", disse Rodgers no dia. Antes daquele Draft, Aaron e Alex lançaram uma bola num pneu a três metros de altura. Rodgers acertou e Smith errou. "Ainda acho que sou o melhor *quarterback* deste Draft", disse, após ser escolhido, o camisa 12 do Packers e futuro campeão do Super Bowl XLV. E ele não poderia estar mais certo.

7. POR VOCÊ, DAVID

A NFL é uma liga cruel. Difícil se acostumar com isso. Veja, felizmente, o sistema educacional americano foi moldado também na valorização do esporte. Assim, a Primeira Divisão da NCAA tem mais de 100 faculdades. Quatro *quarterbacks* por equipe, mais ou menos... Isso dá uns 400 lançadores. A NFL tem 32 franquias e cada uma com no máximo três *quarterbacks* por equipe. 32 x 3... 96.

Em outras palavras, pelo menos 300 homens que passaram quatro anos sendo ídolos em suas universidades, tendo toda a atenção do mundo, só terão esses quatro anos para contar a seus filhos, ou então alguns terão a chance nos profissionais, mas só terão uma carreira de tristezas para contar a seus irmãos. O meu é um deles.

Seu nome é David Carr e ele foi o primeiro jogador da história do Houston Texans, o único *quarterback* a ser escolhido pela franquia na primeira rodada do Draft até hoje! Sua carreira na pequena Fresno State foi laureada até não poder mais. Numa liga cada vez mais aérea, não restava dúvidas de que o primeiro jogador daquela expansão em Houston seria o melhor *quarterback* disponível. Meu irmão, David.

Em seu primeiro jogo, eu estava lá e vi o todo-poderoso primo rico do Texas, o Cowboys, perder para meu irmão. Parecia que tudo daria certo. É verdade, sua linha ofensiva não era das melhores... Afinal de contas, eles não tinham química, era o primeiro ano em que eles jogavam juntos. OK, aquilo *realmente* parecia um problema. Veja: é difícil ver seu irmão mais velho, seu ídolo, apanhando tanto como naquele ano. O resultado não poderia ser outro: 76 *sacks*, recorde da NFL até hoje.

Dali em diante, os resultados não vinham. Não era culpa dele, poxa. Embora eu seja suspeito para falar, realmente acho que não era. Mas vê-lo apanhar tanto, sofrer tanto com a mídia... Sendo xingado, avacalhado... Foi duro. Mas aquilo me deu motivação. David foi cortado pelo Texans em 2005 depois de outra temporada com mais de 70 *sacks* e peregrinou de time em time como *backup*. Ganhou até o Super Bowl! Mas como reserva de Eli Manning... Enfim, ao menos um prêmio de consolação.

Só que eu ainda acho que ele merecia mais. Sabe, quando você vê um ídolo assim sofrer – ainda mais quando esse ídolo é seu irmão –, dói. E eu pessoalmente acredito que existem dois tipos de dor: a útil e a inútil. A inútil faz você deitar na cama, em posição fetal e sofrer, chorar, minguar, tornar-se um inumano. A útil é a que motiva, a que faz você querer provar para todos que é bom, que pode.

Foi assim que decidi me tornar um *quarterback*. Foi assim que decidi ir para Fresno State como meu irmão, em vez de ir para USC ou UCLA. Foi assim que cheguei ao Draft da NFL, o mesmo Draft em que meu irmão esteve há 12 anos. E eu estava lá. No palco, virei para o comissário da NFL, Paul Tagliabue, e disse: "Um dia estarei aqui". Agora estou. Estou, após ver meu irmão fracassar e ser rotulado como *bust* – mesmo que a culpa não fosse inteiramente dele.

Há 12 anos, eu disse que estaria aqui. E agora estou e estarei sempre. Por você, David.[6]

6 Nota do autor: Esta crônica logicamente não foi escrita por Derek Carr. Contudo, é verdade que ele foi recrutado por UCLA e USC e optou por ir a Fresno State. Também é verdade que ele disse ao comissário da NFL em 2002, Paul Tagliabue, que um dia estaria ali. E está.

8. RYAN MANZIEL, PEYTON BRIDGEWATER

Trabalhador. Talvez não tão talentoso fisicamente. Alguns diziam que seria um absurdo escolhê-lo. Ele não era tão midiático assim, afinal. Após ser escolhido no Draft, sua entrevista foi humilde. Ele não queria saber de barulho... Queria chegar e trabalhar. Afinal de contas, essa era sua personalidade. Passou a *off season* inteira querendo aprender – e demonstrou isso. As únicas notícias que você ouviu a respeito dele em julho foram acerca dele aprendendo o *playbook* de sua equipe.

Peyton Manning, um dos melhores *quarterbacks* da história da NFL 1998. Teddy Bridgewater, calouro renegado no Draft 2014.

Festeiro. Muito talentoso fisicamente. Alguns diziam que seria um absurdo escolhê-lo. Ele era muito midiático e traria um circo para a cidade. Após ser escolhido no Draft, sua entrevista foi pomposa e Super Bowls foram prometidos para uma equipe que nunca havia ganhado o maior título da NFL. Ele queria saber de barulho. Afinal de contas, essa era sua personalidade. Passou a *offseason* inteira querendo aparecer – e demonstrou isso. As notícias que você ouviu a respeito dele em julho foram acerca dele em Las Vegas.

Ryan Leaf, um dos piores jogadores da história da NFL e discutivelmente o maior *bust* da história do Draft 1998. Johnny Manziel, calouro midiático no Draft 2014.

9. O GOLFINHO E A BALEIA

Você provavelmente não sabe o que é sofrer.

Você provavelmente não sabe o que é torcer por um time que é amassado pelo rival ano após ano e que sempre murcha quando o assunto é *playoff*. Não, e não torço pelo Dolphins. Mas sei como é. Sei como é ver um dos melhores *quarterbacks* da liga passear na sua casa. Sei como é a frustração do quase.

Rotulam você de perdedor. Mas pera aí: será que você é perdedor mesmo? Ora, afinal de contas todos os seus ancestrais foram vitoriosos. Em quê? Bom, no básico instinto que leva você a ser humano: procriar. Ao mesmo tempo, você, entre, literalmente, milhões de espermatozoides, conseguiu entrar naquele óvulo bendito. OK, o texto está descambando para autoajuda e pouco futebol americano.

OK, o texto descambou. OK, talvez você queira parar de ler. Ou não. Se for um torcedor sofredor, de uma das várias franquias que levam o coração à boca todo domingo, lerá até o final, porque você tem uma virtude que os outros não têm: acreditar.

Eu sei, este texto pode ser ofensivo aos torcedores de times que ganham tudo. Eu sei que corro esse risco. Afinal de contas, as pessoas sempre leem o que querem. "Ah, o *The Concussion* está me chamando de *modinha*!". Não, não estamos. Você pode torcer por quem quiser – o que estamos fazendo aqui é exaltando as torcidas que sofrem e gritam, que acordam o vizinho de madrugada porque seu *quarterback* é um lixo.

Elas são melhores que as torcidas que vão para os *playoffs*? Provavelmente, não. É estúpido dizer qual torcida é melhor. O ponto é que são lindas – sem qualquer tipo de comparação, sem qualquer tipo de hermenêutica distorcida.

Torcer é sofrer para essas pessoas, e para o torcedor do Dolphins, todos esses anos, torcer significou sofrer. Antes de domingo, sabe quando foi a última vez que a torcida de Miami viu seu time vencer Tom Brady? 2009. Em 2009, você usava Orkut. Em 2009, você xavecava as meninas pelo *Buddy Poke*. Deu para ter alguma ideia de quanto tempo faz?

E o pior: ficou no quase várias vezes. E sempre, de um jeito ou de outro, Tom Brady dava um jeito. Você coçava a cabeça e sentia o gosto amargo da derrota na língua. Pior: aquele sentimento de ter quase tudo e sair com nada. Chega uma hora que você fica conformado. O gosto amargo impregna a boca e não sai mais. Sabe o que é o pior?

Mesmo que você já saiba o final do filme, você assiste do mesmo jeito. É como um episódio do Chaves: você sabe as falas, sabe o roteiro e ri do mesmo jeito. Só que, neste caso, você quebra cadeiras de raiva. Mas... mesmo assim seu amor fala mais alto. É amor burro, é amor estúpido, mas é a forma mais pura de amor, porque é um amor que não espera algo em troca. Basta a imagem de seu time, o logo de seu time, o uniforme de seu time, um *touchdown* que seja, não precisa nem ganhar um jogo; só colocando um sorriso no seu rosto já basta. Nem exigente você é.

No final das contas, você está conformado. Sabe que nunca vai chegar aquela vitória contra o rival. É como esperar a mulher perfeita. Simplesmente não existe. Ver as outras equipes vencendo funciona, para seu coração, como assistir a filmes românticos.

Não serve de nada. Só para alimentar uma esperança que não dá em nada.

Até que chega um técnico novo, um *quarterback* novo e o jogo é em casa. O tal rival está capenga por causa de várias lesões. É agora. E seu *quarterback* vira o jogo. É agora. Não, não é agora. Deram tempo demais para Brady. Você já viu isso várias vezes, você sabe o final desse filme. É agora. Não, não é agora. Vai dar besteira de novo. Brady tem pacto com o demônio e vai virar esse jogo de novo. Aí você ajoelha, reza. Faz promessas. Você vai se tornar uma pessoa melhor. Você vai ser legal com todo mundo. Nunca mais vai fumar, nem que socialmente. Vai acordar todo dia de manhã e fazer exercícios físicos. Não vai mais comer chocolate. Vai conquistar uma mulher e fazê-la a mais feliz do mundo. Faz tantas promessas quanto for necessário para parar Brady. A cada passe defendido, você pensava: só estão adiando a morte...

Eis que... Ele foi interceptado. Você ganhou. O Dolphins ganhou. O sofrimento acabou? Não, só foi adiado. Até o próximo jogo. Até o próximo passe. Essa é minha vida, esse é meu time, esse é meu amor.

Você provavelmente não sabe o que é sofrer como eu.

10. O *FRANCHISE QUARTERBACK* DA MINHA VIDA

Quem me conhece sabe: eu adoro fazer analogias com tudo. Talvez porque, conectando duas coisas diferentes – uma que as pessoas conhecem e outra que estão tentando aprender (no caso, com o futebol americano) –, fique mais fácil entender a segunda. E, quando a primeira faz referência a relacionamentos, todos nós temos algum conhecimento.

Por isso sempre gostei de fazer metáforas, analogias, metonímias e todo um espectro de figuras de linguagem que fazem referência a relacionamentos – na maioria das vezes, amorosos. Ao leitor que não for heterossexual ou não for homem, eles se aplicam da mesma maneira. Apenas utilizo o vocábulo "namorada" porque é a minha experiência, mas, trocando a última letra, serve para todos, caso convir.

E, quando penso em metáforas de relacionamento que explicam o futebol americano, talvez nenhuma seja tão perfeita quanto a do *franchise quarterback*. Em tradução livre, faz referência àquele *quarterback* que, por anos, será a cara da franquia, será o "amor de sua vida". Dan Marino, Tom Brady, Jim Kelly, Ben Roethlisberger, Eli Manning; os exemplos são muitos. Quando você pensa em Patriots, Tom Brady é o que vem à cabeça quase como uma associação instantânea, porque, queira ou não, um é o amor da vida do outro.

E como é difícil esse negócio de relacionamento.

O *franchise quarterback* tem de ser absolutamente perfeito para o seu sistema. Se você gosta de mulheres - ou homens, que seja - altas, ela tem de ser alta. Se não for, você não estará perfeitamente realizado e, muito provavelmente, aquela peça seja apenas temporária em sua vida. Afinal, você precisa de alguém jogando enquanto a próxima classe do Draft não aparece. É um tapa buraco, alguém que não te deixa sozinho e, tendo uma boa defesa - leia-se "boa autoestima"/vida profissional -, você consegue ser feliz e chegar ao Super Bowl. Mas, lá, perde.

Perde porque, ainda sim as não, é a pessoa certa. Eu sinceramente não sei mais se acredito nisso de pessoa certa, de pessoa perfeita. O mundo e os relacionamentos já estão tão líquidos, como disse o sociólogo Zygmunt Bauman, que é difícil acreditar em algo sólido e duradouro. Mas a figura do *franchise quarterback* ainda está lá - você a vê todos os dias em outros times. Por que não haveria de estar no seu time?

E você quer encontrar um afinal, salvo raríssimas exceções - há pessoas bem Barney Stinson[7] Baltimore Ravens de 2000 Tampa Bay Buccaneers de 2002, que não estão nem aí para quem está *under center*, conquanto outras áreas de sua vida/de seu jogo estejam bem-sucedidas - você só ganha um Super Bowl com um *franchise quarterback*. O problema é que ele não despenca assim na sua vida, do dia para a noite.

A gente passa por todas aquelas fases. O *scout*, o Draft, o primeiro ano mês. Primeiro, você olha de longe e é aí que se encanta. Muito provavelmente ela sequer sabe que você existe ou que a está observando. Alguma coisa chamou a atenção em você: a movimentação no *pocket* ou o fato de você gostar de morenas de olhos

7 Personagem da série *How i Met Your Mother*, notório *womanizer*/misógino

claros. Que seja, vocês entenderam. Ou às vezes você olha e tem aquele senso de *pro-ready* que só você tem – os outros, não. "É *bust* na certa, tem as mãos pequenas". Você não está nem aí, confia no seu julgamento.

Até que, um dia, cria coragem, mesmo que haja outros jogadores disponíveis (alguns até mais "bonitos"). É ela quem você escolhe e ela topa sair com você naquele mês de abril. No final das contas, você nem sabe, ela estava esperando por você também. Aí vem o primeiro mês – ou primeiro ano, seja a analogia à NFL –, e é quando você vê se as coisas darão certo ou não. Às vezes, há problemas com você, às vezes com ela, como não haver uma linha ofensiva para protegê-la – leiam-se recursos financeiros para sair, dar presentes, que seja, dar conforto, seja namorada ou namorado; não achem que estou falando que mulher é interesseira, vale para ambos os gêneros – ou ela não te entender pura e simplesmente – aquele clássico exemplo do *quarterback* não entendendo o *playbook*.

Busts vêm e vão nesse primeiro mês. Isso quando no próprio Draft eles não acontecem – ou antes, quando você está na fase de ser amigo. Ah, como é clássico o exemplo de Bo Jackson – *running back*, é verdade, mas, ainda assim, *franchise player* – colocando o Tampa Bay Buccanneers na *friendzone* no Draft 1986 para jogar beisebol com o Kansas City Royals. Todos nós já passamos por isso, não? Acho que neste ano eu passei por isso, embora tenha cortado o mal pela raiz. Outro caso recente: tive meu Ryan Leaf – o *prospect* perfeito sob o ponto de vista físico que, na verdade, era como todos os outros *busts*. Veja, escolher um *franchise quarterback* é difícil.

Neste momento, sinto-me como o Miami Dolphins, o Buffalo Bills e tantos outros órfãos de *franchise quarterback*. [8] Desde o Draft 2012, após a aposentadoria completamente unilateral de meu último *signal caller*, venho fazendo *scouts*. A princípio,

8 Texto escrito ao início de 2013.

era para aparecer logo – tive a sorte de cortar Manning em 2011 e ter Luck meses depois, diga-se de passagem –, mas não foi bem assim. Como na NFL, os *franchise quarterbacks* aparecem como por mágica, por acaso. Alguns queriam só fazer contratos de curta duração, outros queriam jogar na NFL, mas sem abandonar a MLB – e eu quero um atleta exclusivo, *c'mon*. Quando cobrei isso, rompi o contrato. É, faz parte.

Curioso ou não, na maioria das vezes, eles aparecem quando você terminou o último ano em último na liga ou quando o resto do seu quebra-cabeça já está solucionado e só falta essa peça para você ser campeão. Quer exemplo maior que o Pittsburgh Steelers de 2005? Só faltava Roethlisberger, todo o resto já estava ali. No final das contas, a conclusão a que chego é esta: o *franchise quarterback* tem de ser a última peça a ser colocada. Ele não vai funcionar se você não tiver uma linha ofensiva boa, se você não tiver uma defesa que não tome 50 pontos por jogo – sem referências ao Chicago Bears, que me faz quebrar móveis semanalmente. Ele só vai aparecer quando for a última peça que falta para você ganhar o Super Bowl. New England Patriots de 2000, 5 x 11 sem Tom Brady, uma defesa forte com Lawyer Milloy e Ty Law. New England Patriots de 2001, 11 x 5, campeão do Super Bowl XXXVI com Brady sendo MVP do jogo.

Vai demorar, pode demorar, já percebi. Enquanto isso, eu foco nas outras áreas do jogo. Como o Buffalo Bills está fazendo, como todos nós deveríamos fazer. Coloca um *game manager* ali, ele tapa o buraco sem cuspir interceptações e colocar a temporada em risco. Melhor que um calouro de 18 anos que seja imaturo e torne sua vida um caos. Aos poucos as coisas se acertam. Quem sabe um dia o próximo Dan Marino, o próximo Joe Namath ou o próximo Jim Kelly não aparece?

Afinal, *there's always next year*. Sempre tem o próximo Draft. Quem sabe lá aparece um *quarterback* como eu sempre quis? Como é difícil esse negócio de relacionamento.

11. MANIFESTO DA *OFFSEASON*

Filho, não passa mais aquele jogo de que você gosta com aquela bola estranha no domingo?

Não, não passa, mãe.

Amor, não passa mais aquele jogo a que você fica três horas assistindo com cara de idiota?

Não, só em setembro.

Quantas vezes você respondeu a essas perguntas nesta *offseason*? Provavelmente, deve ter perdido a conta. O futebol americano é o único esporte do mundo cuja *entretemporadas* dura seis meses. Por que isso acontece? É capaz que isso já tenha passado pela sua cabeça.

Simples. Primeiro, é uma questão cultural e funcional. Ao início da profissionalização do esporte, os times de futebol americano dividiam estádio com os times de beisebol. Assim, para evitar conflitos de horários (–como aconteceu no *kickoff* em Baltimore na temporada – 2013), a temporada do futebol americano começaria praticamente no fim da de beisebol – e terminaria antes de esta começar. Como o beisebol só pode ser jogado no verão do hemisfério norte, o costume determinou que setembro a janeiro seja a época de bola oval – com o chamado *football weather*.

Além disso, por que só 17 semanas de temporada regular? Bom, antes eram ainda menos – os times jogavam apenas 14 partidas. E por que somente 17 semanas –16 partidas, com os times folgando uma semana por ano? Um motivo plausível seria o seguinte: se com quatro meses de futebol americano os jogadores já chegam arrebentados nos *playoffs*, imagine com mais jogos. Matt Ryan, por exemplo, jogou a final da Conferência Nacional 2012 com o ombro lesionado. Christian Ponder não jogou o Wild Card Round contra Green Bay naquele ano e o resultado foi desastroso. Os exemplos são inúmeros. Com efeito, uma temporada maior ocasionaria mais lesões e um declínio de nível de jogo nos *playoffs*, o que não é interessante para ninguém.

É um *tradeoff* complicado. Menos jogos e *playoffs* melhores parece ser a solução correta. Mas nem sempre a solução correta é a que dói menos. Pode ser a mais lógica, mas nem sempre é a que nosso coração aceita de pleno.

Tudo ia bem. As coisas estavam mais lindas que nunca. E, de repente, você é forçado a não ver mais aquela pessoa. Sem motivo aparente algum, você não poderá mais tocá-la ou sorrir com ela. De repente sua vida fica vazia – e o pior: não há nada que você possa fazer para mudar isso.

Seis longos meses. Você tenta fazer outras coisas, mas invariavelmente acaba lembrando dela – afinal de contas, sua vida girou em torno dela por meses. Você vai jogar videogame e o que está dentro do PlayStation? Madden. Você vai no YouTube ver algo para se distrair e aparece "Recomendado para você: *Alguma cena da NFL aqui*". Você entra no Facebook e aparece uma atualização da NFL ou do *The Concussion*.[9] Por mais que você queira fugir, a depressão e o luto vêm. E vêm fortes.

Todo fevereiro, após o Super Bowl, o fã de futebol americano – mas o fã mesmo, não aquele que assiste só quando lhe convém – passa por um rompimento brusco. Como gosto de usar

9 Bom, agora é *ProFootball*. Continue conosco.

analogias para raciocinar e passar mensagens, seria algo como um término de namoro. E, não, não há nada que possamos fazer para evitar isso.

Passamos, porém, por fases. Primeiro, vem o período de "ah, vai ser bom ficar um tempo sem". Depois, a gente sente falta e procura outras coisas para substituir o vazio. No namoro, quem nunca terminou e passou o rodo numa semana e/ou encheu a cara? Neste caso, a gente procura outros esportes. O que tiver passando a gente aceita. Futebol, NBA, qualquer coisa. Mas... não é o mesmo. Depois, a gente quer conhecer coisas novas, algumas apresentadas por amigos. E vem que vem a série de Lacrosse, Curling – e, de um jeito ou de outro, aquela sensação de "isto não está certo" aparece.

Até que você se conforma. O Draft acaba sendo um alívio, mas é como um doce que lhe é colocado na boca e retirado depois. Aquela súbita melhora de um paciente na UTI que depois vem seguida do óbito. O Draft é cruel: após ele, maio, junho e julho do mais absoluto nada. Até que você... se conforma de vez. Para de procurar, contenta-se com a ausência dela. E agosto seria o aniversário de quando você começou seu namoro com ela. Você parou de procurar e aparece uma parecida. Meio sem sal, meio sem propósito. Mas, afinal de contas, algo ali lembrava o sentimento que você tinha antes. Algumas semanas depois, você está envolvido por essa nova mulher – algumas coisas são iguais, outras, completamente diferentes. Tudo o que você procurava, porém, estava ali. Você estava apaixonado de novo.

Que seja eterno enquanto dure. A vida é feita de ciclos e somos forçados, ano após ano, a passar por esse ciclo de vazio para que a bateria seja recarregada. Afinal de contas, o que seria do verão sem o inverno? Da luz sem a escuridão? A *offseason* é, também, um dos segredos do sucesso da NFL. Esse período longo e intenso, no qual hibernamos do futebol americano, faz que cheguemos em setembro com as baterias carregadas e absurdamente ansiosos para ver uma bola oval voar. Para parar os domingos, para acessar todos os *sites* de futebol americano do mundo. Para jogar *fantasy*. Para viver praticamente seis meses de um namoro intenso e feliz. Até que o ciclo acabe para que outro venha em seu lugar.

12. DUAS ALMAS, UM ABRAÇO

O esporte é coletivo. Você que acompanha há algum tempo já deve saber disso. Contudo, como em toda atividade coletiva, às vezes uma peça se destaca. Joe Montana, Joe Namath, Roger Staubach, Dan Marino, Johnny Unitas. Poderíamos ficar horas e horas citando nomes de *quarterbacks* que fizeram, sozinhos, a diferença em algum momento de sua carreira.

Entretanto, todos eles tinham peças para trabalhar. Todos eles tinham insumos para produzir. Tom Brady, neste momento de sua carreira, é um náufrago.[10] Ele está perdido, ele não tem as ferramentas necessárias para fazer fogo.

Tudo parecia, de fato, perdido. O Patriots não era mais a máquina de pontuar que outrora mostrara ao mundo. A única vitória realmente convincente do ano foi contra o Tampa Bay Buccaneers e sua secundária de papel. E de papel, justamente, pareciam as mãos dos recebedores do Patriots contra o New Orleans Saints. Em casa, quem diria, e precisando do *drive* da vitória no *two-minute drill*. Será mesmo que ele conseguiria? Afinal, como sua esposa diria, ele não pode passar e receber a bola

10 Texto de 2013.

ao mesmo tempo. Ah, se Wes Welker ainda estivesse de capacete prata...

Mas ele não estava. Menos de dois minutos e a necessidade de pontuar latente no coração. Esqueça Welker. Depender da defesa? Ficaria complicado. O fato é que a grama artificial do Gillette Stadium viu a bola tocar sua superfície demasiadas vezes naquela tarde de domingo. Agora, não, agora não poderia tocar mais. Se tocasse, o Miami Dolphins deixava de ser ameaça virtual para se tornar ameaça real. Depender de Wild Card? Não, o Patriots nunca foi *wild card* desde que Tom Brady assumiu o *under center* de Foxboro. Ou classificou-se para os *playoffs* como rei da AFC East ou amargou a não ida (2002, 2008). Vencer o todo-poderoso Saints tornou-se obrigação de uma hora para outra. Se a lição de casa não fosse feita...

Mas ela foi feita. A torcida e os analistas de futebol americano sabiam disso. Bill Belichick, como poucos, faz a lição de casa e prepara um plano de jogo único. O escopo é sempre o mesmo: anular o melhor jogador adversário ou o ataque adversário inteiro. Foi assim no Super Bowl XXV, foi assim contra Peyton Manning em 2004 e seria assim com Jimmy Graham. O que o torcedor patriota não contava é que a natureza estava anulando seus recebedores. Só Deus salvava. Ou um quase Deus. Aquele que não é nada senão um herói para a torcida de Massachusetts: um Tom Brady.

E lá foi ele. Colocou seu capacete. Respirou fundo. Comandaria mais um *drive* da vitória? Comandaria. No placar, 3 x 29. Ele aponta a *blitz*. Ele começa a liderar. Bola na linha de 20: bastava apenas gastar o cronômetro e buscar o *field goal*. Ele arma, ele pisa, ele termina o *three step drop*. A blitz vem e Brady é inteligente: busca seu alívio na lateral do campo. Passe completo para Hoomanawanui. Brady lambe os dedos como uma criança antes de comer a sobremesa. Olha para a direita, olha para a esquerda.

Out, Go!

Novamente em *shotgun*, o *quarterback* escaneia o campo e busca um oásis no deserto de recebedores. E aí... Vem o *drop*. Bolden solta a bola e a torcida vaia em Foxboro. Mais um passe, *3rd down*. Mais um *drop* de Edelman. É apenas mais um entre as toneladas de passes que o recebedor já deixou cair em 2013. Quarta para seis. Tom Brady arregala os olhos; Bill Belichick cruza os braços. O técnico patriota saliva e fala em seu *headset*. Rob Ryan agita os braços na *sideline* dos Saints; Brady orquestra os recebedores no *huddle*. Primeira chance de converter uma quarta descida no jogo.

Quem seria o cara? Em quem Tom Brady confiaria mais para passar essa bola? Faltavam 2min50 para o final. Edelman se move para a esquerda. A rota é curta, mas não é para ele; Aaron Dobson mais uma vez falha. Ninguém consegue segurar essa bola? Não é possível! Julian abaixa a cabeça e vai saindo do campo.

Rob Ryan, o coordenador defensivo de New Orleans, agita a cabeça e grita palavras de ordem na *sideline*. Belichick mostra-se apreensivo.

"Eu amo esses caras. Se são eles que temos, será com eles que trabalharemos". Esse foi o discurso de Tom Brady durante a temporada até então. Mas a sequência de passes no chão por incompetência do corpo de recebedores era assustadora. Não vale a pena, contudo, focar no ruim. Foquemos no bom. Foquemos na superação. Faltam dois tempos para pedir, mas Drew Brees é o *quarterback* adversário. Como confiar nessa defesa que, desde o início da década passada, não é uma das melhores da NFL? Se Brees engatar a segunda marcha, um abraço. Ele vai engatar? O Saints vai ganhar? A torcida do Patriots parece achar que sim. Boa parte dela deixa o Gillette Stadium e perderá uma das melhores finalizações da história da NFL. A equipe de New Orleans, a essa altura do campeonato, consegue chutar um *field goal* para testar a fé até dos mais céticos. E a bola volta para o Patriots. Ainda dá?

Faltavam 2min24 para o final. Um tempo para pedir. Perdendo por 27 a 23. Só o *touchdown* salva.

Ele aponta. Grita. O *snap* vem. Edelman está coberto por dois, mas Brady, mesmo assim, decide lançar. A bola fica pendurada no ar por três segundos, que parecem uma eternidade. E pendura. E pendura. E voa. E cai nas mãos de um santo. Keenan Lewis intercepta e agora parece que tudo está perdido. Mesmo que Brady recupere a bola, antes ele tem de esperar pelo menos três *downs* do camisa 9 da terra do *Mardi Gras*. Há apenas o *two minute warning* e um tempo para parar o cronômetro.

Por um milagre, a defesa de New England para Drew Brees novamente. Brady é a cara da derrota. Não sabe para onde olhar. Talvez já pense: "Como vou me explicar? Os torcedores culparam tanto os recebedores e eu fui interceptado lançando em cobertura dupla. E agora? Agora o Dolphins está chegando e, pela segunda semana consecutiva, nós perdemos. Perdemos em casa. Duas derrotas amargas. Duas derrotas para nosso próprio ataque".

Falta 1min13 para o final. Sem tempo para pedir, sem esperança para se ater. Perdendo por 27 a 23, o *touchdown* é milagre.

Mesmo assim, ele entra em campo. Ele aponta. Ele lê a defesa, vê que não pode lançar em profundidade novamente. Ele não fará isso de novo. De toda forma, a defesa jogada após jogada alinha-se com cada *safety* sendo responsável por metade do campo, esperando outra bomba de Brady. Que não vem. Em oito jogadas, sete passes no meio do campo (contando o *spike*) e apenas um nas laterais. Thompkins recebe esse único passe no canto da *end zone*. *Touchdown* Tom Brady. *Touchdown* gênio. *Touchdown* três aneis. *Touchdown* Belichick. Ele não vai comemorar com os recebedores – ainda. Ele olha para seu mestre.

Ouvem-se balas de festim das baionetas posicionadas na *end zone*. O Patriotas atira, sinalizando *touchdown*. A cara da defesa do Saints é de... Não saber o que aconteceu. Sean Payton não consegue piscar. Rob Ryan é a frustração materializada em cabelos longos. Tom Brady dá um tapinha no capacete de Austin Collie. Ele acabara de chegar e se tornou uma das peças mais essenciais nesse raso ataque.

0:05 segundos para o final. Sem tempo para pedir, com sorriso no rosto para viver. Vencendo por 30 a 23, o *touchdown* foi milagre.

E um *fumble* no retorno de New Orleans. Nada mais precisa ser dito. Apagam-se as luzes para os poucos ainda presentes no Gillette Stadium. Tom Brady abraça Bill Belichick. Aprendiz e mestre se unem num só cérebro. Numa só execução. Numa só perfeição. Não há problema em ter recebedores ruins. Por mais que o esporte necessite de força, velocidade e boas mãos, a inteligência é o fator preponderante. E Bill Belichick é gênio com a prancheta na *sideline*. E Tom Brady é sinônimo de gênio no *two minute drill*.

Duas almas, dois corpos, uma vitória.

13. DE ZELADOR A JOGADOR

Nunca, nunca desrespeite outra pessoa.

Você não sabe quem é ela. Você não sabe por onde ela passou. Muitas vezes, por mais que você tenha um bom motivo para acreditar que a pessoa está fazendo uma burrice, pode não ser uma burrice para ela. Por mais que ela pareça ser um lixo, ela pode não ser. Por mais que você ache que ela não tem qualquer importância para você, um dia ela pode ser importante, pode ser significante.

Meu nome é Michael, torço pelo St. Louis Rams. Nasci no Missouri em 1992, três anos antes de a franquia mudar de Los Angeles para cá. Não me lembro muito bem de a gente ganhando o Super Bowl, eu só tinha oito anos. Tudo o que eu lembro é pular no sofá quando aquele jogador do Titans não entrou na *end zone*.

Cresci numa família com bastante dinheiro, e ter quebrado aquele sofá, pulando e saltando, não foi um problema nem sequer me colocou de castigo. Talvez esse tenha sido o problema, já que mais disciplina teria feito um pouco de efeito positivo em minha vida. Talvez eu não tivesse feito a enorme grosseria que fiz dois anos atrás.

Estávamos jogando contra o Packers na Semana 7 e nosso time estava com 3 x 3 de *record*. Havia uma chance real de nos classificarmos para os *playoffs*. OK, não venceríamos a divisão, mas o time parecia competitivo. E, então, perdemos o jogo tomando 13 pontos no último quarto. De nada adiantou fazer dois *touchdowns*. Tomamos 30 pontos em casa, e eu queria descontar na primeira pessoa que encontrasse.

Como eu tinha de ir ao banheiro, fui após Aaron Rodgers destruir meu coração de vez. O banheiro estava sendo limpo e eu não teria como usá-lo, mas minha vontade de... bem, tirar água do joelho era muito grande. O zelador, que segurava um esfregão, disse que torcedores não poderiam entrar ali naquele momento e que eu tinha de sair. Minha falta de educação, catalisada pela minha vontade de ir ao banheiro, fez-me responder que ele era um zelador de *(*&&%$#@ e que eu usaria o banheiro na hora em que quisesse. Ele abaixou a cabeça e murmurou: "Sim, senhor".

Aquilo não me chamou muita atenção, embora eu seja bom com fisionomias e me lembre bem de seu rosto. De toda forma, como sempre muito cheio de si e minha família tinha ligações com os donos do Rams, decidi dar uma lição para aquele *zeladorzinho*. Afinal de contas, quem era ele para dizer se eu poderia ou não usar o banheiro do time pelo qual torço?

Falei com o gerente de operações do Edward Jones Dome, o estádio, e ele me disse que aquele era um jovem muito trabalhador, que jogou futebol americano e foi preso por brigar com um colega de time. Com a prisão, ele perdeu a bolsa de estudos e, logicamente, a vaga naquela equipe. Como não tinha para onde ir ou estudar, arranjou aquele emprego no estádio – e era tudo o que ele tinha. Decidi deixar passar, afinal de contas, sempre fui apaixonado por futebol americano. Não seria justo ser mais um a estragar seu sonho.

Nesse final de semana, eu revi aquele rosto. Seu nome era Mo Alexander e ele fora readmitido no time de Utah State em 2013. Nove *tackles* para perda de jarda, 3,5 *sacks* e uma interceptação. Números coesos que fariam que ele fosse escolhido no meio do Draft, considerando a crescente demanda por *defensive backs*.

E quis o destino que a equipe com a escolha de número 110, no quarto *round*, fosse meu St. Louis Rams. E Mo Alexander foi escolhido. Foi *draftado*. Aquele que um dia desrespeitei como "mero zelador" agora vai ganhar milhares de dólares no time pelo qual eu torço, que eu amo e pelo qual sou apaixonado. Um dia, ele esteve limpando aquele estádio; dois anos depois, ele estará jogando e brilhando nele.

Você não sabe quem é ela. Você não sabe por onde ela passou. Muitas vezes, por mais que você tenha um bom motivo para acreditar que a pessoa está fazendo uma burrice, pode não ser uma burrice para ela. Por mais que ela pareça ser um lixo, ela pode não ser. Por mais que você ache que ela não tem qualquer importância para você, um dia ela pode ser importante, pode ser significante.

Nunca desrespeite uma pessoa. O mundo dá voltas.[11]

---

11 Nota do autor: Esta história é ficção com relação ao banheiro e a Michael. Porém Mo Alexander foi de fato jogador de Utah State e foi preso após uma briga com um colega de time numa festa. Após servir a pena, passou parte de seu tempo trabalhando como zelador no Edward Jones Dome antes de voltar ao time de Utah State. Nesse Draft, ele foi escolhido na quarta rodada pelo St. Louis Rams, que joga no referido estádio.

14. O MENINO QUE QUERIA SER MONTANA

Esse menino não tem mãos grandes o suficiente para segurar a bola direito. Faz sol em San Francisco e, ao fundo, o Candlestick Park tem sua configuração em aço preparada para o beisebol do Giants, mas era o 49ers que brilhava naquele palco nos anos 1980, com quatro títulos.

Esse menino fazia parte da torcida de um deles. Esse menino esteve em tantos, tantos outros jogos. Era mais um dos muitos que nasceram na Califórnia e que queriam ser como Joe Montana. Afinal, quem não queria?

Preciso, inteligente e decisivo. Quando a bola estava com ele no final do último quarto e quatro pontos atrás, aqueles que vestiam o número 16 nas arquibancadas sabiam que ele chegaria lá. Quantas e quantas vezes esse menino não deve ter perguntado ao pai se Joe conseguiria. E ele conseguiu.

A exemplo do Candlestick, esse menino parecia ser melhor para o beisebol. Não era tão rápido, não era desenhado para o futebol americano. O problema é que as coisas nunca saem como planejado na vida. Não saem, vai por mim. Às vezes você se prepara anos para uma profissão e a vida apronta das suas e te coloca em outro lugar – que você sempre sonhou. Para esse menino, o lugar que ele sonhava quando seu pai tirou essa foto no estacionamento do estádio do San Francisco 49ers.

Esse menino foi *draftado* no beisebol pelo hoje inexistente Montreal Expos em 1995. Decidiu arriscar, como tantos outros, para não morrer frustrado. Porque seu sonho, naquele dia da década de 1980, era segurar uma bola de futebol americano e lançar como Joe Montana. Lançar para *touchdowns* na pós-temporada, chegar às finais de Conferência, ganhar Super Bowls. Já dizia a música: quando você faz um desejo olhando para uma estrela, não faz diferença quem você é. Qualquer coisa que o seu coração deseje irá se tornar realidade. Se seu coração está nos seus sonhos, nenhum pedido é extremo.

Você sabe quem é esse menino?

Esse menino é Tom Brady. E ele passou para mais *touchdowns* em jogos de pós-temporada que Joe Montana. Semanas depois, igualou o número de anéis de Super Bowl (quatro). Quando você faz um desejo na direção de uma estrela, como sonhadores fazem, o destino é amável.

E você, o que vai pedir hoje?

15. PEYTON 509

Peyton numa cadeira, de capacete, um iPad na mão e uma perna dentro de uma piscina.

Acordei hoje às seis da manhã. Não sei por que teria de acordar tão cedo. Afinal de contas, não faria o menor sentido... Não tenho aula hoje, só tenho um compromisso às sete da noite. Teoricamente, eu poderia ficar dormindo até mais tarde – ainda mais depois de ir dormir de madrugada graças ao *Sunday Night Football* e ao horário de verão. – Obrigado, Benjamin Franklin, por ter essa ideia cretina de adiantar o relógio.

Mas, justamente por causa do *Sunday Night Football*, mesmo que de modo inconsciente, eu acordei mais cedo. Acordei para ser produtivo. Acordei para fazer as coisas certas, para fazer minhas obrigações. Inconscientemente, eu estava, sob um aspecto psicológico, modelando-me ao meu ídolo. Peyton Manning.

Tudo o que ele faz se resume a *work ethic*. A expressão anglófona é de difícil tradução, mas seria algo como "fazer seu trabalho direito". Sem desculpas, sem falta de foco. Entregar as coisas no prazo. Pesquisar antes de fazer e, sobretudo, fazer com amor. Todos esses elementos – sumarizados pela foto – sintetizam a figura de Peyton Manning.

Ele trabalha, trabalha duro. Ele, respeita - ele não zomba dos oponentes. Eticamente falando, ele é perfeito. Passando a bola, idem. E não são todos que podem ser assim. Digo, não especificamente como um *quarterback*, mas como empregado, como executivo, como jornalista, como advogado. O *record* de ontem me inspirou.

Inspirou-me porque são 509 frutos – ou melhor, 510 e contando. Frutos de um trabalho bem-feito, um trabalho dedicado. Um trabalho que se importa somente com a própria produção. Peyton não se interessa por quantos *touchdowns* Drew Brees está passando nesta temporada. Ele quer saber do seu. A ausência de inveja e fazer tudo certo é o que torna Peyton Williams Manning um ser humano fantástico. Um ser humano acima da média. Um ídolo fora e dentro de campo.

São tantas virtudes que fico perdido sobre o que escrever. Uma delas em especial me chama a atenção. Sabe quando você sabe que uma pessoa é especial? Quando ela consegue melhorar o desempenho das que estão consigo. Anthony Gonzalez, Pierre Garçon. O que foram depois que Peyton não estava passando a bola para eles? Nada perto do que foram. A capacidade de Peyton de tornar seus recebedores alguém acima da média é outra virtude que me chama atenção e me inspira.

Aquilo resume *record*: Peyton tratando uma possível lesão, na piscina enquanto recebe instruções no capacete e estuda o *playbook* no iPad. Posso dizer aos meus filhos um dia: tive a honra de assistir a Peyton chegar à meta que possivelmente nenhum outro *quarterback* chegará na história. Tive a honra de ser inspirado por um cara que trabalha duro desde sempre. Que sabe o valor do trabalho. Que sabe o valor da preparação. Que é perfeccionista e que quer fazer tudo certo. E fez. 509 vezes.

16. É DO BRASIL!

Acordei tarde hoje, como costumeiramente faço aos sábados do segundo semestre. A ideia de acordar a esse horário, geralmente, é não ficar ansioso para os jogos do *College Football*. Acordo e já tem bola oval voando. Sentei-me na cama e peguei o iPad para ler as notícias de *College* e NFL, como sempre faço ao acordar enquanto tomo café numa xícara com o logo do Chicago Bears. Estava vestindo uma *jersey* de Michigan, a qual às vezes uso como pijama – detesto usar *jerseys* na rua, só uso em casa mesmo. O futebol americano faz parte da minha vida do momento em que acordo ao momento que durmo.

Entre um gole e outro, e uma dedada na tela e outra, vi um artigo do jornal *The Tennessean*. Ele indicava que o *kicker* brasileiro Maikon Bonani seria cortado pelo Tennessee Titans na tarde de hoje. Parei de beber o café. Olhei para baixo e mordi meu lábio superior com os dentes inferiores, em sinal de lamento. Engoli os lábios e pensei como daria essa notícia mais tarde no *The Concussion*.

A ficha, então, caiu. As chances de termos um brasileiro nato caíram literalmente pela metade. Sobrava Cairo.[12]

12 Breno Giacomini, do Jets, nasceu nos Estados Unidos.

Decidi fazer vigília. Da mesma maneira que fiz quando prestei vestibular em 2009, dando *refresh* no *site* a cada cinco segundos para ver a lista, fiz no *site* do Kansas City Chiefs. É péssimo esperar por uma informação com prazo. Explico o porquê; Você sabe que ela vai sair *até dado dia*. No caso, 30 de agosto de 2014 às 17h, horário de Brasília (o horário-limite para as equipes da NFL cortarem jogadores e atingirem o limite de 53 homens no elenco). De toda sorte, a exemplo de outros cortes, ela poderia sair antes. A exemplo do vestibular, cuja lista sempre sai antes.

Não foi o caso. A angústia aumentou a cada segundo que passava. A vigília foi feita por mim no Twitter. É verdade, eu tinha outras coisas para fazer. Inclusive, adiei um encontro hoje para fazer essa cobertura no Twitter. Corte após corte, nome riscado da lista após nome riscado da lista, as equipes iam afunilando para 53 homens. A exemplo de quando dá 10h você fica quieto num apartamento com idosos, 17h foi de um silêncio absoluto na *timeline*. Um silêncio seletivo, é verdade: pipocavam informações de cortes ao redor da liga. Michael Sam, Robert Meachem, mas nada de Cairo ou Succop.

É nesses momentos de emoção que a gente tenta - em vão - ser racional. Seu primeiro encontro foi perfeito. Você a fez dar risada, rolou um beijo legal. Você pegou o *whats* dela e mandou mensagem no dia seguinte. E aí ela demora para responder. Racionalmente, você sabe que ela vai responder, mas seu peito possui um vácuo inexplicável sobre o assunto. A emoção suplementa a racionalidade; Racionalmente, sabíamos que Cairo tinha a perna mais forte entre os dois. Sabíamos que ele era mais barato e mais jovem que Succop. Mas o coração, sempre ele, deixava aquele pé atrás.

Aqueles *reports* de "pode ser decidido no cara ou coroa" deixavam o pé atrás. E a comemoração, adiada.

Decidi me preparar para o melhor. Redigi o *tweet* que publicaríamos quando o hipotético corte de Ryan Succop fosse anunciado. Fiz isso antes para que o baque da notícia não me travasse e para que você soubesse o mais cedo possível. Respirei fundo e pensei na importância daquela nota. Era a cereja do bolo no crescimento da NFL no Brasil. Começamos com apenas o Super Bowl na TV Bandeirantes nos idos dos anos 1990. Passamos ao *Sunday Night* e ao *Monday Night* na ESPN mais os *playoffs* da Conferência Americana – com o Super Bowl duas vezes a cada três anos. Depois a BandSports veio e saiu, e a ESPN assumiu sua cota de jogos - um à tarde, *playoffs* da Conferência Nacional e os Super Bowls de responsabilidade da FOX nos Estados Unidos. Em 2014, teremos seis jogos por rodada na ESPN, o *The Concussion* com uma média de 10 mil leitores por dia e um brasileiro nato na liga.

"História sendo feita" era a melhor descrição para o *tweet*. Redigi, então. Mas não apertei "tweet".

De repente, apareceu um *tweet* de Terez Paylor, *insider* do Chiefs nos Estados Unidos. Ele anunciava o corte de Succop. Imediatamente, arrepiaram todos os poros do meu corpo. Soltei a informação e imediatamente vários leitores deram *retweet*. Muitos, muitos comemoravam. Ian Rapoport, *insider* da NFL Media, comentava que o Brasil estava em festa no Twitter. Fui postar no Facebook. Imediatamente depois, não soube dizer o porquê, comecei a chorar.

Até então, nunca havia chorado por felicidade com o futebol americano. Quando você cobre quase profissionalmente os 32 times da NFL, desapega-se emocionalmente de todos eles. Incluindo o seu próprio. Afinal de contas, é isso que se chama profissionalismo. Até então. De repente, entrei em prantos e lembrei-me de todos os dias acompanhando a liga, os mais de 700 textos escritos aqui, as madrugadas em claro. E me lembrei de como o caminho de Cairo também não deve ter sido fácil. Após vencer o troféu de melhor *kicker* do *College Football* em 2012, ele errou alguns *field goals* ano passado e não foi *draftado*. Cairo, contudo, não desistiu: continuou fazendo um bom trabalho e seguiu em frente de cabeça erguida, olhando para o *goal post*.

Emocionei-me da mesma maneira que Cairo disse, em entrevista ao ESPN.com.br, ter se emocionado após a partida contra o Green Bay Packers – a última da pré-temporada – pelo fato de achar que aquela poderia ser a última vez que veria seus companheiros de equipe por um longo tempo. Emocionei-me ao lembrar que Cairo perdeu o pai no ano passado. Emocionei-me ao saber que, pela primeira vez na história, teríamos um brasileiro na NFL.

Ironia do destino, o primeiro jogo de Cairo Santos na NFL será no dia 7 de setembro – data de nossa independência. Mais ironia ainda, eu fui o comentarista naquele jogo – que também foi meu primeiro de temporada regular. Quanto à independência, talvez porque ela mais tenha sido uma herança de um rei português a um príncipe português, não a comemoramos tanto como os americanos comemoram o 4 de julho. O 7 de setembro, subitamente, tornou-se uma data especial e de comemoração dupla. É a data de nascimento do Brasil – e do Brasil na NFL. Por isso, o título desta crônica não poderia ser outro. Cairo é, legal e legitimamente, do Brasil. Como os tantos chutes que Galvão Bueno narrou com essa frase, os do ex-Tulane poderão também ser assim comemorados.

O exemplo de Cairo é o mesmo das dezenas de brasileiros que se aventuravam na Europa durante as décadas de 1970, 1980 e 1990 com o sonho de serem pilotos de Fórmula 1. Um ou outro conseguiu chegar lá. Mas, antes de Ayrton ser Senna, ele era apenas Ayrton da Silva, sofrendo no inverno inglês ao lado de outros pilotos em categorias de base do automobilismo. Hoje, ele não é apenas Cairo. Ele é Santos, camisa 5 do Kansas City Chiefs, brasileiro nato.

É do Brasil o novo povo que ama futebol americano. É do Brasil o povo que, aos poucos, vai percebendo que a bola oval não é sinônimo de pancadaria, mas de estratégia, foco, trabalho em equipe. É do Brasil o mais novo *kicker* da NFL.

17. COMENTAR É HUMANO

Pode parecer o trabalho mais fácil do mundo. "Mas e aí, você trabalha em alguma outra coisa?". Senta, liga o microfone, fala umas besteiras e conta o que você está vendo. Muitos pensam que é assim e que qualquer macaco treinado conseguiria fazer. Sinto desapontá-lo, mas não é assim. Falar para milhares de pessoas não é assim.

A preparação começa no meio da semana, quando recebemos a escala de qual jogo faremos no domingo. Ao longo dela, recebemos algumas informações passadas pelo pessoal da ESPN americana, informações bem úteis, por sinal, mas que, se vomitadas no telespectador (ou melhor, "fã de esporte"), acabam não sendo úteis, porque não têm o efeito almejado: explicar o esporte e o que estamos vendo de maneira que o "homem-médio" entenda.

Chego cerca de duas horas antes do jogo. Enquanto isso, são impressas por mim páginas e páginas de informações, *stats*, escalações. Sento-me na cadeira da *newsroom* sempre com gente ao redor trabalhando o esporte, seja ele qual for. São horas de revisão de partidas, programas americanos assistidos, milhares de caracteres do *twitter* lidos. Enquanto pego o marca-texto numa mão, a outra pressiona o fone de ouvido quase no tímpano para ouvir sem obstruções o que os *pre-game* das emissoras americanas têm a dizer sobre a rodada.

Pego um *cappuccino* numa máquina fora da redação. Volto apressado. Ainda tenho muita estatística para decorar, muito *stat* para entender. Muito do funcionamento do jogo para apresentar. Muito dos cenários que podem se desenvolver numa partida. A defesa contra a corrida do Lions é a melhor da NFL, mas os Patriots tem Tom Brady. O que New England fará? Será que vai dar certo? Penso em várias coisas. Anoto os cenários que me guiarão numa partida.

Não, não é só falar qualquer coisa. Porque você não é qualquer pessoa, afinal. Você é inteligente e precisa de comentários inteligentes.

Dez minutos. O coração começa a bater mais forte. Aumenta a responsabilidade, de maneira que eu queira que a pessoa em casa se sinta representada naquela cadeira.

Cinco minutos. Troco minha camiseta por aquela camisa verde e vou para o estúdio. Tentei pensar agora enquanto escrevo: o que se passa na minha cabeça enquanto isso acontece? Não sei. Minha cabeça geralmente está baixa, olhando para meu sapato contando os passos. Melhor não pensar em nada, deixar o cérebro em ponto neutro.

Entro com o pé direito no estúdio. Sei lá, superstição, sabe? Não sei explicar. Sento-me na cadeira, abro o envelope com páginas e páginas e as despejo na mesa. Aperto o botão vermelho. Agora é para valer. Ligo o computador e logo no Twitter. Dali vêm coisas boas e coisas ruins. No último domingo, pela terceira vez em 24 horas,[13] fiz essa rotina. Era o *Sunday Night Football*, o principal jogo da rodada para a TV americana (embora, em tese, nem sempre disputado e com equipes importantes). Parecia não ser o caso de domingo, mas foi.

13 Naquela semana, comentei um jogo de *College* no sábado e um de NFL no domingo à tarde.

E aí veio o erro.

Eli Manning fez o *play action*, foi para a direita e viu Odell Beckham Jr. com marcação individual de Brandon Carr sem nenhum *safety* por perto. Ele lançou, Rômulo narrava a jogada. De repente, numa fração de segundos, vi Beckham Jr. caindo na *end zone* após ser puxado pela camisa – uma interferência grosseira. Minhas sinapses, por mais instantâneas que sejam, só conseguiam processar uma informação: o puxão de camisa fez que ele se desequilibrasse e caísse na *end zone*. No áudio em original, Al Michaels não viu nada, somente disse *"Oh, it's a flag"*. Meu reflexo foi o mesmo: chamar a atenção para a falta. Afinal de contas, nosso objetivo é explicar as coisas para você. "Nossa, mas foi muita falta" – limitei-me a dizer isso.

Eu não vi o *touchdown*. Confesso, não vi. Para um *calouro*, em seu primeiro ano de transmissão, é um erro que eventualmente me perseguiria por um tempo na cabeça. Brinco que ser comentarista calouro é como ser *quarterback* calouro. Você acerta em alguns jogos, erra em outros, mas o importante é aprender com os erros. Rômulo também não viu, a princípio. Al Michaels não viu na NBC. Ninguém viu. Mas, como sempre gosto de dizer, o essencial é invisível aos olhos. Aquele passe assim foi.

Imediatamente na sequência, apareceram algumas críticas no Twitter. Como reagir a isso? Veja, responder de forma grosseira e brigar com o telespectador não parecia a forma correta de agir. Mas como lidar com mensagens maldosas nas redes sociais, as quais quase sempre se escondem no anonimato, na covardia e cujo único intuito é machucar outro ser humano que nada lhe fez mal? Como lidar com perfis que cobrem futebol americano no Twitter e que são seus colegas de trabalho, os quais deveriam ter a ética de não criticar outros profissionais de modo tão abstrato e sem finalidade senão a difamação? Abaixei a cabeça e me lembrei de leitores do *The Concussion*.

O nome de um deles é Evandro – não mencionarei o sobrenome. Nunca mencionei essa história, porque não tinha visto necessidade. Durante três meses, Evandro mandou *e-mails* para mim. Já no primeiro, ele havia me confessado que tinha depressão e que ler meus textos – especialmente os cômicos, *ACDC* – era uma das únicas coisas que ele tinha vontade de fazer. Aos poucos, ele foi ganhando vida – por outras coisas, não meus textos, claro – e saiu da depressão. Hoje, manda-me *e-mails* com perguntas e tão somente isso. Depois me passou na cabeça uma pessoa por quem tenho os sentimentos mais puros e com quem havia brigado – e sido extremamente injusto dias atrás. Essa pessoa ama futebol americano. Ela me acompanhou sendo chato durante todo o período de calvário na resposta dos testes que fiz para fazer os jogos desta temporada, e agora me passava pela cabeça se ela estava assistindo ou não. Não mencionei nada na transmissão nem ao Rômulo nos intervalos. Ele me perguntou se tinha visto o lance. Não vi.

Hoje, Rômulo postou em seu Facebook o que pensou para seguir em frente e ter a genial ideia de renarrar o *touchdown*. Curiosamente, ele também pensou em alguém para seguir adiante. Lógico, em seu caso era sua noiva e alguém muito mais próximo dele que um mero leitor, como no meu caso. Mas foi em outra pessoa. Dalai Lama tem como segredo de sua felicidade o outro. Ser egoísta não é, em modo último, a maneira de ser feliz. "É impossível ser feliz sozinho", já dizia a canção. É impossível viver sozinho. É impossível comentar sozinho. É impossível escrever sozinho. Porque, para que eu comente, você tem de escutar. Para que eu escreva, você tem de ler. Torno-me inútil sem você. É por isso que pensei num leitor, num amigo que eu não conheço – como você que passa os olhos por essas letras.

Não dá para viver sozinho. Odell não faria o *touchdown* sem o passe do "sempre" criticado Eli.

E como Beckham Jr., Rômulo conseguiu inverter o erro em algo excepcional. Eu ri de mim mesmo, ele riu de si mesmo. Não dá para ser perfeito, não dá para agradar a todos. Não sou dos comentaristas mais empolgados – você deve perceber que meu estilo é mais sóbrio, embora tente dosar humor. Mas, naquele lance, para ajudar ao Rômulo – até porque, na minha visão, a estrela é o narrador, sendo o comentarista apenas um *side-kick* empolguei-me, usei bordões. Enfim.

De repente, transformamos um erro crasso na melhor transmissão que eu já fiz no ano – para mim mesmo, pelo menos. Pode parecer piegas isso tudo que eu escrevi, ou falso, ou sabe Deus o que um *hater* pode eventualmente dizer – muitas vezes pelas costas, amparado pela distância virtual. Mas é de coração. Eu sei que comentar pode parecer o trabalho mais fácil do mundo, mas não é. Juro para você que não é. Assim como não é fácil errar e eventualmente assumir um erro.

Obrigado, Rômulo Mendonça, por ser o ser humano e o profissional que é. Obrigado a você por ter paciência comigo. Obrigado a você que eventualmente me taca pedras. Nós caímos para aprender a levantar. É assim que aprendemos a andar para a frente quando temos meses de vida e é assim que aprendemos a andar para a frente quando somos adultos e a vida nos dá golpes. Tudo é aprendizado, tudo faz parte. Se errar é humano, comentar também o é.

18. *WE'RE ON TO CINCINNATI*

Fiquei pensando nessa frase depois que o Super Bowl acabou.

Na verdade, não sabia qual escolher para "homenagear" Bill Belichick. Engraçado homenagear alguém que a maior parte das pessoas odeia, xinga. Enfim. Homenagear alguém que deu um tapa na sua cara quando você disse que seu time estava acabado – você e a imprensa inteira. Ele respondeu com palavras e atos. As palavras foram essas quatro que você vê no título. A referência para escrever esta crônica é a coletiva de imprensa após a derrota para o Kansas City Chiefs. O semblante de Bill Belichick diz tudo. Tristeza e ao mesmo tempo, um olhar para a próxima missão, sabendo que lamentos ou desculpinhas sobre o que já aconteceu não adiantam.

O triunfo de Belichick pode parecer para alguns o triunfo do *Império Galáctico*. Pode parecer o triunfo do mal, que seja. Podem falar as besteiras que quiser. Ao meu ver, é o triunfo do trabalho. Hoje em dia – e não vou dizer que isso é exclusivo do Brasil e ter síndrome do vira-lata –, a improvisação é muito elogiada. Johnny Manziel chegou na NFL na base da improvisação, não nos enganemos. Terminou 2014 numa clínica de *rehab*. Belichick é contra improvisação. É a favor do trabalho.

We're on to Cincinnati.

Em vários documentários a que assisti sobre o New England Patriots desde 2000, há uma frase em comum que Belichick costuma repetir para seus jogadores: "*Do your job*" – "Faça seu trabalho". Talvez se todos nós fizéssemos nosso trabalho na sociedade – e num grande talvez –, as coisas estariam melhores para todo mundo. Belichick acreditava em seus jogadores. Nos dois lados da bola. Mesmo aqueles desconhecidos, como Malcolm Butler. Mesmo os conhecidos, como Brandon Browner, que realizou um estupendo trabalho na interceptação. O técnico do New England Patriots, como um comandante deve fazer, pegou várias cabeças e vários egos, e os transformou num time. É seu estilo e é o estilo que dá certo. Time. Foi o que ele disse quando colocou Tom Brady como titular após Drew Bledsoe se machucar em 2001. Foi o que ele pensou quando cortou Lawyer Milloy, Ty Law, Logan Mankins e tantos outros ídolos da torcida por um bem maior.

We're on to Cincinnati.

Não, quatro anéis do Super Bowl e o maior número de vitórias em *playoffs* entre todos os técnicos da NFL não caem do céu. Não vêm de improvisação, não vêm de talento. Vêm de foco. Quando massacrado, quando no fundo do poço, quando pressionado, a resposta de Belichick foi uma só: "Estamos nos preparando para o próximo desafio. Estamos tentando fazer nosso trabalho. Estamos focados no que vem por aí". Que guardemos essa frase na cabeça quando massacrados, quando tudo der errado. Levante-se e diga: "Estou indo para meu próximo desafio". Esqueça os erros, foque-se no que vem pela frente. Como ele fez.

O passado é história, o futuro é mistério – não vamos sofrer por antecipação. Eles estavam se preparando para Cincinnati. Mas é melhor se prepararem para outro lugar de Ohio – Canton, onde fica o *Hall da Fama*.

They're on to Canton.

19. NÃO FOI DESTA VEZ QUE O HERÓI CAIU

Somos em 7 bilhões de pessoas no mundo. Muitas delas não se destacam e levam vidas pacatas, empregos comuns. Outras, poucas, se destacam – é assim desde que o mundo é mundo. Desde a civilização grega na Idade Antiga existe a figura do herói.

Seja herói, por definição, aquele que se arrisca pelos outros, ou então aquele que arrisca sua integridade corporal por um ideal, por algo que não vem fácil. Com 39 anos, quatro cirurgias no pescoço – e, por causa delas, sem sentir a ponta dos dedos (literalmente) –, acho que podemos colocar Peyton Manning nessa definição.

Ele podia simplesmente parar. Ele já conquistou um Super Bowl, já chegou a outro, detém inúmeros recordes na NFL. Ele simplesmente podia dizer "não aguento mais essa punição física, estou de boas". Qualquer um que já levou um *tackle* ou um *sack* na vida – depois de uma experiência recente, posso me incluir nesse rol – sabe que não é legal apanhar assim. Dá medo. Dá vontade de parar, de não continuar. Peyton poderia parar? Claro que sim. Ele já fez mais que o suficiente para ter um busto de bronze no *Hall da Fama* do futebol americano profissional.

E, mesmo assim, ele continua. E, no primeiro sinal de falha, as pessoas não perdoam. É engraçado isso. Manning está desde

1998 em campo, arriscando seu corpo e dando alegria para milhares (se bobear milhões) de pessoas. E as pessoas se divertem por um tempo. Mas, ao que tudo indica, o que corrompe o povo é o que as pessoas amam mais que a um herói... É ver um herói caindo. Falhando, caindo, e, eventualmente, essas pessoas que te enalteciam uma hora vão te odiar.

Peyton Manning era praticamente somente objeto de elogios quando estava com o Indianapolis Colts. Preciso, inteligente, cerebral – talvez a única coisa que algum *hater* poderia falar é que ele "pipocava" nos *playoffs*. Durante as inúmeras partidas de horário nobre, com audiência nacional, o coro era uníssono. Agora, bem, é só você abrir o Twitter. Houve algumas pessoas pedindo para o *quarterback* reserva, Brock Osweiler, entrar em campo. E eu já vi esse filme com Jimmy Garoppolo.

Mas agora eu não vou errar. Engraçado como a história se repete muitas vezes. Durante minha faculdade (não fiz jornalismo, mas direito), mudei a "chavinha" também. No início, gostava de acusar – ou seja, ser Ministério Público – em diversos júris simulados que fazia. Com o tempo – sobretudo em ver, em estágio, inocentes sendo presos sem motivo – aquilo foi me dando nojo. Acabei terminando meus anos jurídicos como uma pessoa mais garantista e que pensava naqueles que ninguém – ou poucos – defendia. Quando vim para este outro mundo, cometi o mesmo erro da faculdade. Fui no mais fácil, no que o povo pedia. Depois de uma noite no Arrowhead Stadium, acabei escrevendo sobre Brady o que vocês já cansaram de ler, me xingar, me twitar etc. Fui no fácil. Os depoimentos indicavam que o réu era culpado. As estatísticas – *Pro Football Focus*, sobretudo – indicavam que Tom Brady estava velho, que ele já era, que ele não passava para mais de 20 jardas. E, sem olhar para tudo o que ele fez, seu histórico, eu fui por esse caminho, como ia na faculdade em seu início. Talvez me faltou ser mais humano. Talvez me faltou realmente olhar para ele. No alto da minha insignificância, apenas como um qualquer que ama e escreve sobre o esporte em outro país, se eu pudesse ter a chance, um dia lhe pediria desculpas.

Não cometi o mesmo erro nesta semana. Felizmente, refleti e não fui com a maré. Se você parar para pensar, o que daria mais clique no *site*? Que eu, como muitos, afundasse Manning e dissesse que o filme se repetiria como no passado, mas sem final feliz? Ora, todas as estatísticas diziam isso. Mas uma coisa não estava na conta: o cérebro de Peyton Manning.

Os músculos envelhecem quando beiramos os 30 anos. O cérebro, não. Foi impressionante notar como Peyton Manning evoluiu ao longo da partida. No início, ele executou a maioria das chamadas de Gary Kubiak – aquele festival de corridas em *2nd and 10* depois de um passe incompleto ou de C.J. Anderson batendo numa parede vermelha. E aí, quando ele precisou ser técnico em campo, fazendo leituras da defesa e eventualmente mudando jogadas, o Peyton de sempre voltou. Voltou porque aquele nunca se foi. A questão é que o braço de Manning já é questionado desde 2013. Lembram-se do "Eu lanço vários patos mortos. Vários patos mortos que viram *touchdown* também"? Então.

Nesta quinta-feira, aprendemos que o Broncos não saiu vitorioso apenas porque o Chiefs teve cinco (!!!) *turnovers* e nenhuma terceira descida convertida em primeira, ou porque a defesa de Denver foi sensacional (e era bem subestimada, como mencionei nessas semanas). Mas porque Peyton, quando teve a bola de volta, colocou os pés no chão e foi o maestro de sempre em três campanhas que culminaram com *touchdown*. Além disso, tanto defensores quanto *haters* dele podem concordar que, se é para Peyton passar por cima de suas limitações físicas aos 39 anos, será com a *no-huddle up-tempo offense*. – com leituras rápidas, defesas perdidas e toneladas de jogadas em *shotgun*. Todos os *touchdowns* foram assim. A gente não espera tijoladas, passes fortes. A gente espera classe, comando. A gente espera um general em campo. Seu apelido não é "xerife" à toa.

O Broncos tem uma das melhores defesas (senão a melhor) da NFL neste ano e pode ser ela que levará Manning ao Super Bowl novamente. Ainda é cedo para dizer. Pode ser que, ao longo do ano, o camisa 18 tenha jogos terríveis, e não as 256 jardas e os 3 *touchdowns* desta quinta. Pode ser que tudo acabe, que o herói caia e que aqueles que apontam o dedo triunfem. Mas, se isso tudo acontecer, não podemos esquecer que o herói está lá, sacrificando seu corpo. Cabe a nós apenas assistir. E, às vezes, torcer. Torcer para que não acabe cedo. De toda forma, não foi desta vez que acabou. Não foi desta vez que o herói caiu.

20. ESTAMOS JUNTOS DE NOVO

Fazia nove anos que eu estava longe de você.

Muita coisa aconteceu até este momento. Sinto dor. E não sinto a ponta dos meus dedos. Preciso operar meu quadril, meu pé mal consegue se plantar no chão. Tudo dói. O coração, não. O coração se sente aliviado.

Não que ele bombeie sangue do mesmo jeito que nove anos atrás, quando nos encontramos pela última vez. Não que meu corpo esteja da mesma forma. Mas o frio na barriga, a preparação, a determinação, essas são as mesmas. A ética, idem.

Não preciso que digam que eu sou o melhor da história ou qualquer outra coisa do gênero. Podem dizer que sou velho, que lanço patos mortos. Que fui carregado pela defesa, mesmo esquecendo que muitas e muitas vezes fui eu quem carregou as defesas de meu time.

Não preciso de mais um *snap*, não preciso de mais um Omaha, não preciso de qualquer afirmação. Porque agora ninguém, absolutamente ninguém, vai me tirar de perto de você. Foi difícil a espera. Meu corpo foi punido. Meu nome foi punido. Mas tudo vale a pena no final. Se a vida está fácil, é porque alguma coisa está errada. Agora eu tenho você novamente.

Em 2007, perdi para San Diego. Em 2008, também. Em 2009, cheguei perto de estar com você mais uma vez – tudo foi por água abaixo. A derrota, o retorno para a história, construiu meu caráter ainda mais. Em 2010, perdi para Rex Ryan. Em 2011, meu pescoço não aguentou e preferiram a juventude – tudo bem, são negócios, eu entendo. Voltei com sangue laranja, mas sem me esquecer do meu coração pulsando azul quando te vi pela última vez, de quando senti cada contorno do seu sorriso prata pela última vez. 2012, 2013, 2014.... Cheguei tão perto.

De repente, quando ninguém mais acreditava que iríamos nos encontrar, o destino fez que você voltasse para meus braços. Joguei bem? Não. Isso também pouco importa. Tantas e tantas guerras são vencidas sem que o general imponha um ferimento sequer no campo de batalha. Mas eu tenho certeza de que os soldados que lutaram ao meu lado o fizeram com união e vontade como poucas vezes se viu em encontros com você. Não importa que não impus ferimento ao adversário, importa o sentimento que coloquei no coração de meus companheiros de time.

Agora tudo pode acabar, agora as luzes podem se apagar. Eu ainda não sei se vou tentar te encontrar novamente, porque tudo dói e a idade pesa. Talvez seja melhor que minha última foto com minha armadura seja te olhando nos olhos. Sentindo seu peso, sentindo a alma de todos que já batalharam para estar aqui.

O caminho não foi fácil. Mas nos encontramos, no final das contas. Estamos juntos de novo, Vince Lombardi Trophy.

21. AO MESTRE, COM CARINHO

OK, é a última crônica sobre você. Daqui em diante, tenho de entender que agora você não estará mais passando a bola.

É difícil parar de fazer algo que você gosta de fazer. Se eu não sei como farei sem assistir a seus jogos, sem comentar sobre seus jogos ou escrever sobre eles, imagine para você, que está em campo. Quando eu entrava na cabine para comentar um jogo seu, eu sabia que seria diferente. Fui egoísta com essa frase. Nem torcer pelo Colts eu torço. Também não torço pelo Broncos. Talvez quem começou a acompanhar o esporte por conta dele tenha mais legitimidade para falar sobre. Mas, acima de tudo, torço pelo futebol americano; é a coisa mais importante da minha vida. Ver um pedaço dela ir assim, embora, dói.

Dizem que o atleta morre duas vezes: quando se aposenta e quando seu coração para de bater. Para quem ama o esporte, talvez seja pior. O coração do torcedor para de bater múltiplas vezes. A ficha demora para cair: comecei a escrever este texto no domingo de manhã, ainda no calor da sua aposentadoria. Imaginei que, em "doses homeopáticas", seria mais fácil assimilar... OK, não está sendo. Não foi. Amanhã, depois de traduzir simultaneamente suas últimas palavras como jogador, a primeira coisa que farei será tentar lembrar qual a primeira lembrança que tive com você.

Talvez uma das minhas próprias primeiras lembranças com o esporte. Eu era adolescente e não era lá muito sociável. Dei o azar de gostar de um esporte que, bem, na época, quase ninguém gostava. Então, indiretamente, quando estava jogando Madden contra você, era como se eu estivesse conversando contigo. Na verdade, eu tinha raiva, não gostava de como o *videogame* simulava com perfeição toda a leitura antes do *snap*, com *audibles*, *check with me*, *hot routes* e todo o mais. Como eu era *nerd* viciado ao ponto de jogar na maior dificuldade disponível, você sempre dava um jeito de me bater, de fazer minha diversão virar irritação, de fazer que eu quisesse atear fogo no PlayStation. Como se não bastasse, você venceu meu time na última vez que ele chegou ao Super Bowl. Esse ódio momentâneo se transformou em admiração. Aos poucos, comecei a ver que aquilo era o futebol americano de verdade: leitura, inteligência.

Tentei, depois, lembrar qual seria minha última lembrança. Não seria necessariamente ele erguendo o troféu do Super Bowl L – algum canto imbecil da minha mente poderia argumentar que ele não jogou bem na partida. Queria que fosse um momento que materializasse toda sua excelência, toda sua ética pessoal. Lembrei -me de quando minha ficha caiu de que aquele seria, de fato, o último rodeio. Eu estava no Estúdio 3, da ESPN, ainda um pouco cansado pelo *Abre o Jogo*. Como uma cobertura realizada *in loco* precisa sempre de pessoal "na retaguarda" caso um apagão *a la* Super Bowl XLVII aconteça, estava assistindo ao jogo no estúdio. Eis que veio a apresentação dos MVPs de todos os Super Bowls. Todos eles no campo. Menos um, concentrado e sozinho. Focado como sempre.

Aquela cena acontecia enquanto seu irmão ia a campo como MVP, enquanto seu nêmesis Tom Brady ia a campo como MVP – e ele só podia ouvir as palmas, os gritos. Na verdade, ele não ouvia nada. Como qualquer outro jogo, focava-se na parede com sua própria mente. Aquela mente que sempre nos brindou com leituras de jogo, aquela mente que sempre nos brindou com a essência do futebol americano: um xadrez físico. Alguns dirão que estou sendo melodramático, que estou exagerando. Mas não vou negar que meus olhos ficaram marejados ao ver aquela cena. Porque, quando a vi pela primeira vez, no fundo, eu sabia que seria a última. Dou liberdade a essas pessoas para pensarem o que quiserem, da mesma forma que você o fez quando o acusaram de lançar patos mortos. E continuou trabalhando. E continuou lançando.

Quando um jogador desse tamanho tem um legado como este, sua aposentadoria é apenas mais uma página virada. O nome Peyton Manning, mesmo que todos os passes sejam passados, sempre será passado de você para seus filhos e para seus netos. Daqui a 30 anos, você poderá dizer que ouviu um Omaha, que o viu em campo, como seu avô diz ter visto Pelé e seu pai diz ter visto Maradona. Da mesma forma, em nosso esporte, Peyton me ensinou como é ser um professor, como é ser dedicado. Como é ter ética. Como é saber que, trabalhando, um dia vou colher coisas boas.

Como posso retribuir? Se eu pudesse comprar uma fonte da juventude, o faria. Se pudesse comprar uma parede enorme para que todos pudessem ler tudo o que você fez, o faria. E rabiscaria com todas estas palavras, cada uma com letras de dez metros de altura:

Ao mestre, com carinho.

22. A INSÔNIA DO KICKOFF

São quatro da manhã e eu não consigo dormir de jeito nenhum. O que é horrível, porque tenho aquela teoria besta de que só é amanhã quando a gente acorda. E, se eu não dormir e não acordar, não é o em dia que ela volta.

Demora para ela voltar. Nenhum outro apaixonado por dado esporte espera tanto tempo. Mesmo que não acreditem que existe amor a distância, ela nos testa com um beijo doce em fevereiro para só voltar seis meses depois. Testa e vence, inexplicavelmente. Até rola uma visita em abril, mas... Falta alguma coisa. Falta aquela coisa que só aparece em setembro – e, por mais que digam que setembro sempre chega, mesmo quando calendário vira de agosto para ele, o tal do setembro ainda permanece distante.

Com todo respeito a quem tem o futebol, o basquete profissional da NBA ou o beisebol da MLB como seus esportes preferidos: mas a vida de vocês é muito fácil.

Eles entram de férias por um tempo curto, quase não dá para sentir falta. A gente? Bom, a gente sofre longos seis meses. Parece quando a gente tá namorando na faculdade e o amor da sua vida fala que vai fazer intercâmbio. Você a deixa no aeroporto para só ver seu rosto novamente um semestre depois.

E aí, chega hoje, a madrugada da véspera de quando vamos buscá-la. Por ironia, ela estará do mesmo jeito que você a deixou. Sua conversa principal continua sendo num estádio à noite, com Broncos e Panthers em campo. Desta vez não vale tanta coisa como quando você disse aquele "até breve".

O ano de 2016 marca a 15ª temporada da NFL a que assisto desde o início, a 5ª que acompanho escrevendo no *site* e a 3ª na qual me faço presente com minha voz servindo ao esporte de alguma forma, na TV. Em todas elas, a antecipação e a insônia estiveram presentes. Sabe quando você era criança, que ficava sem dormir antes de uma excursão da escola? Quando você ficava girando na cama, imaginando como seriam as conversas, como seriam as risadas e as brincadeiras? É mais ou menos isso o que sinto neste momento. É mais ou menos o que sinto em setembro.

Eu tentei dormir. Aí me lembrei do Super Bowl, tentei pensar o que escreveria hoje (tá, amanhã, porque ainda não dormi). Tentei imaginar como seria a partida, se a secundária jovem do Panthers venceria o duelo contra o também jovem Trevor Siemian. Não cheguei a muitas conclusões, isso tudo apenas me deixou agitado e com ânsia para que a temporada comece logo. A gente não sabe quais serão as risadas, quais serão as conversas, quais serão as zebras.

A gente só sabe que vai acontecer. Que, quando acordarmos, ela não nos deixará mais neste ano. Que, quando acordarmos, teremos o que fazer aos domingos, às segundas, às quintas. Que, quando acordarmos a partir de amanhã, será com sono, porque o horário de verão faz que fiquemos como zumbis esperando o último apito após o último *tackle*. Simplesmente, que vamos acordar desta intertemporada tão longa que nos pune com saudade todos os anos.

Eu achava que não estava com saudade até vê-la de novo. Não vai mais embora, não, NFL.

23. O QUE IMPORTA NÃO É SEU *FANTASY*, É A SAÚDE DE JOSH GORDON

Ele detém o recorde de jogos seguidos com mais de 200 jardas recebidas (2). Detém o recorde de mais jardas recebidas num espaço de 2, 3 ou 4 jogos. São 774 jardas recebidas em 4 jogos; 1.646 jardas recebidas em 2013, recorde na longa história do Cleveland Browns – que remonta aos anos 1940.

Gordon não jogou todas as partidas daquela temporada histórica de 2013, a que o colocou na mente das pessoas. Ele esteve suspenso pelos dois primeiros jogos da temporada – a primeira de uma longa lista de suspensões. Em 2014 veio outra, que o tirou de boa parte da temporada. A suspensão de 2015 fez que ele ficasse fora do *gridiron* por todo o ano – testando positivo para uso de álcool.

Neste ano, havia esperança de que ele pudesse voltar a repetir os números. Afinal, teve sua apelação deferida e a suspensão indefinida foi reduzida para os quatro primeiros jogos da temporada. Chegamos à Semana 4, às vésperas do último jogo de punição para ele.

E, agora, o indefinido e o nublado voltam a ser a temática. Não porque alguém quis assim, mas porque ele mesmo quis assim.

Em *rankings* de *fantasy*, Josh Gordon era cotado como escolha de nona rodada em diante, não é no início do recrutamento da brincadeira – e outros jogadores suspensos, como Le'Veon Bell e Tom Brady, foram escolhidos antes. De toda forma, eu investi em Gordon em um de meus *fantasies* – ele me deu o título em 2013 em uma das ligas das quais participei.

Vamos parar por um instante.

Você percebeu como nos cinco primeiros parágrafos deste texto eu simplesmente tratei Josh Gordon como uma máquina capaz de fazer números e me dar títulos de times imaginários para que eu pudesse me gabar com meus amigos? Ao saber hoje que Josh Gordon decidiu não voltar à NFL após a Semana 4 – ele decidiu se internar numa clínica de reabilitação para drogas em vez de se juntar ao Browns para 2016 –, minha reação inicial foi do *fantasy*. Não foi em pensar no ser humano Josh Gordon.

A gente fica chateado quando um jogador se machuca ou é suspenso, como se ele nos devesse alguma coisa, como se nossos sonhos fossem dominados por eles. Às vezes, como é o caso de Gordon, eles não conseguem nem dominar as próprias vidas – quanto mais nossos sonhos e nossas esperanças num torneio de *fantasy*.

Não me entenda mal: eu amo *fantasy football* e acho que é uma das coisas que mais ajudou o crescimento da NFL nos últimos 25 anos. Mas a gente tem de humanizar mais as coisas. O caso de Gordon não é de vagabundagem. Ele sabia que o *antidoping* viria e mesmo assim foi "pego" múltiplas vezes. A impotência é uma das sensações mais doídas no ser humano – porque nós nos vangloriamos de sermos capazes de poder mudar e transformar a natureza. Às vezes, esquecemos que somos animais e, mesmo sendo racionais, não conseguimo-nos de alterar a nossa própria natureza sem pedir ajuda a alguém.

Desejo sorte a Gordon. No meu *fantasy*, ele é só um nome, mas, no mundo real, é uma pessoa que precisa de ajuda. O que importa, de verdade, é a saúde dele. Não nosso *fantasy*. Que fique bem. Não para voltar a fazer números, mas para fazer uma vida qual tenha controle.

24. TALVEZ ODELL SEJA SÓ UM JOVEM APRENDENDO COM OS ERROS

Odell Beckham Jr. é mais novo que eu. Ainda me assusta essa proposição, porque eu comecei a acompanhar a NFL quando ainda era praticamente criança. Ver atletas mais novos e bem-sucedidos é meio maluco para mim – mas é a lei da vida. Enfim, a crônica não é sobre mim, é sobre ele.

Conheci Odell quando ele ainda era um talentoso e pirotécnico recebedor de LSU. Melhor da classe como prospecto? Difícil dizer naquela época; a classe de 2014 do Draft da NFL era um tanto quanto talentosa. O Giants não parecia precisar de recebedor naquele momento. Victor Cruz ainda não tinha problemas com lesão e era considerado um dos melhores na posição. Pareceu um "luxo" desnecessário para New York. Pareceu, ademais, que Odell demoraria para sair da sombra de Cruz – o que seria o processo natural.

De repente, veio aquela recepção contra o Cowboys. Eu transmiti esse jogo aqui para o Brasil, aliás. Na mesma hora em que vi lances que ocorriam em LSU, mas potencializados, lembro que a primeira coisa que me veio à mente foi uma frase de James Hunt[14]

14 Campeão mundial de Fórmula 1 em 1976 e comentarista da BBC nos anos 1980.

quando da primeira grande atuação de Ayrton Senna, no Grande Prêmio de Mônaco. Tal qual Hunt disse "*We're watching the arrival of Ayrton Senna*", tomei suas palavras para dizer naquele dia que estávamos testemunhando a chegada de Odell Beckham Jr.

Depois daquele dia, nada foi o mesmo na carreira dele. Beckham Jr. foi capa do Madden no ano seguinte – e venceu a maldição – e continuou a postar números impressionantes. Numa bela tarde de domingo, entrou na pilha de Josh Norman, *cornerback* ainda com o Carolina Panthers. Empurrou, foi empurrado, provocou, foi provocado. O foco, tão desnecessário, foi para o espaço.

Foco é essencial para o futebol americano bem jogado. No livro *Halas by Halas*, o lendário dono, técnico, fundador, membro pioneiro da brigada de incêndio e todo o mais do Chicago Bears, George Halas, compartilha conosco algumas palavras sobre isso.

"O jogador que tiver essa qualidade (concentração) saltará aos olhos no primeiro dia de treino. Sistemas modernos de futebol americano são complicados em seus métodos ofensivos e defensivos (...) É essencial que cada atleta saiba toda jogada precisamente, exatamente, imediatamente, e sem qualquer dúvida de como ela se executará". Ainda, Halas comenta sobre o aspecto mental do jogo. "A força e o caráter do elenco determinam a força e o sucesso do time. Este elenco de 1962 tem grandes possibilidades. Você pode ter velocidade, peso e habilidade, todas as qualidades físicas que fazem de um atleta alguém bom. Entretanto, homens não são máquinas; o mesmo se aplica para um time. Deve haver algo inerente ao homem que faça que o time vá para a frente".

Manejar o ego não é fácil, vai por mim. Muitas pessoas que nem te conhecem criticam seu trabalho, outras te elogiam. Algumas vagamente, outras de maneira mais concreta. Outras comparam seu trabalho com o de outros colegas de profissão. Em resumo: lidar com isso quando se é jovem está longe de ser fácil. Dado que o aprendizado de "vida" geralmente vem por conselho, reflexão ou tentativa-erro, natural que pessoas mais jovens quebrem mais a cara e façam mais besteiras.

Parece o caso dele. Aprender com os erros pode ser a constante daqui em diante. Odell foi "catapultado" de maneira quase nunca antes vista ao estrelato. Ele teve uma jogada praticamente nunca vista antes. Ele se tornou uma estrela "física" antes que o aspecto mental estivesse pronto. Honestamente? Não o julgo.

É fácil tacar pedras, chamá-lo de estrelinha, de "Neymar da NFL" e conexos. Isso é o que salta aos olhos é o óbvio. Difícil mesmo – como a maior parte das interações sociais da vida – é se colocar no lugar dele. Sabe qual o nome disso? Empatia. Cada vez menos pessoas têm essa qualidade – e, em comentários na internet, ela é completamente ausente, convenhamos.

Esta semana é crucial para ele.

Na semana que vem, o New York Giants joga no *Sunday Night Football* contra o Green Bay Packers naquela que é a "partida da semana" nos Estados Unidos – um jogo à noite, sem qualquer concorrência e com transmissão em TV aberta. O país todo estará de olho nele. Os *cornerbacks* adversários estarão de olho nele e sabem que o jeito mais fácil de anulá-lo não vem sendo "na bola", mas "na cabeça". Até pouco tempo atrás, ele era uma montanha-russa de emoções, mas produzia. O grande ponto, que ele tem de entender, é que não são os adversários que estão o prejudicando. Nem a arbitragem. Muitas vezes nós mesmos nos autossabotamos.

Novamente, parece ser o caso dele.

Em vez de tacar pedras ou criticá-lo, eu vejo um jovem numa espiral negativa e que não consegue se focar porque o emocional está atrapalhando. Espero do fundo do coração que ele consiga domar esses demônios – hoje, semana que vem ou alguns anos depois, tal qual foi o caso de Randy Moss. Ele é muito talentoso para perder tempo com isso. No final das contas, só uma pessoa pode ajudar Odell. E tal qual nós mesmos, mortais, em nossos problemas, essa pessoa é ele mesmo.

25. A PACIÊNCIA É UMA ÁRVORE AMARGA DE FRUTOS DOCES

Quando cheguei aqui, tinha o sonho de ter você em minhas mãos. Era sonho, porque o antecedente não era dos melhores. No *College*, eu não consegui ser campeão por Tennessee. Por ironia, justo quando me formei e vim para cá, eles foram campeões. Tá certo: talvez era para ser assim, ter de esperar e trabalhar duro para que a recompensa viesse.

Não era fácil a vida naqueles tempos. Zoam bastante meu irmão, mas, no final das contas, o *quarterback* calouro com mais interceptações na primeira temporada ainda sou eu. Não é o recorde do qual tenho mais orgulho. Em todos aqueles erros em 1998, aprendi a cada um que passava. O jogo foi ficando mais lento, conseguia ver melhor o que acontecia. O segundo passo era antecipar o que viria.

Não anteciparia, de toda forma, que demoraria tanto para que eu tivesse você nas mãos. O amadurecimento depois de 1998 veio: terminamos com 13 x 3 na temporada de 1999 após termos apenas três vitórias no ano anterior. Mas o calvário na pós-temporada começaria. Eliminações pelas quais muitos apontavam o dedo para mim, rotulando-me como pipoqueiro ou algo do gênero. Não era o caso. Eu sempre me preparei o melhor que pude.

Sempre tive a melhor ética profissional possível, porque sabia que meu destino era tentar transformar uma cidade apaixonada por automobilismo e basquete em uma cidade que pode ser feliz com o futebol americano.

As temporadas passaram e eu temia ter o mesmo futuro que meu pai teve 30 anos antes. Estrela no *College*, sem títulos na NFL. Em 2001, nosso ataque começou a evoluir, mas caiu de rendimento no meio da temporada enquanto um certo Brady começava a brilhar na mesma divisão que nós. No ano seguinte, mudamos de divisão e de cenário. Talvez era o salto que faltava. De fato, ajudou: além de novos rivais, Tony Dungy chegou. Sem ele, talvez eu não pudesse estar te segurando nas mãos hoje.

Com uma mente defensiva comandando nosso time, como Tony era, as coisas melhoraram ainda mais. Fui MVP em 2003 e 2004. Mas, no final das contas, esses prêmios individuais não contam tanto quanto um sorriso em cada um desta cidade. É algo que vale para mim, não para todos nós. E eu sempre estive interessado em trazer algo bom para Indianápolis. Caímos, duas vezes, nos *playoffs*. O ano de 2005 nos reservou outra derrota e os Steelers avançou para ser feliz em Detroit.

Confesso que estava começando a perder as esperanças de um dia poder sentir seu peso no meu braço. Até porque a temporada de 2006 acabou de forma esquisita. Perdemos três dos últimos cinco jogos. No Wild Card Round, lancei três interceptações contra Kansas City, mas felizmente vencemos. No jogo seguinte, como um karma, a defesa ajudou e vencemos Baltimore – fora de casa, com a hostilidade da torcida para contra uma franquia que outrora era sua. Chegou a hora de exorcizar o último demônio até que eu pudesse sentir sua presença mais perto. E viramos contra o Patriots em casa. Ao menos por alguns instantes, a sina de ser comparado a Dan Marino, que todos sabem ser meu ídolo junto de meu pai quando eu cresci, parecia prestes a acabar.

Acabou. Da forma difícil. Chovia em Miami e todos falavam que o Bears seria o grande beneficiado por isso, porque Chicago é uma cidade com clima complicado e nós jogávamos em um estádio coberto. Naquela semana, prevendo isso, preparei-me. Como sempre fiz. Como faria pelo restante da minha carreira. Treinamos *snaps* com bolas molhadas durante os treinamentos. Ajudou. Não sofremos tanto assim. Vencemos. Eu finalmente pude te sentir pela primeira vez. Depois de todo trabalho, a paciência realmente se provou uma árvore amarga de frutos doces.

Hoje, visto esta camisa de novo. Depois daquele dia em Miami, muita coisa aconteceu. Outras derrotas vieram, quatro cirurgias no pescoço também. Acabei precisando deixar este estádio que, de certa forma, ajudei a construir. Mas, no final das contas, tudo valeu a pena, porque estamos aqui, você e eu. Diante de milhares de pessoas, é como se o universo todo fosse apagado: só importa que você foi e sempre será a materialização pelo meu amor a Indianápolis.[15]

15 Nota do autor: Este texto não é tradução de nada do que Peyton falou, é apenas uma imaginação do que ele poderia ter pensado ao segurar o Vince Lombardi Trophy que ajudou a conquistar em 2006.

26. CORAÇÃO DE CAMPEÃO

Ele não tinha obrigação alguma de tentar esse tackle. Na temporada passada, Andy Dalton se machucou assim e ficou fora do resto do campeonato. No Super Bowl L, Cam Newton ficou olhando após um *fumble* e não tentou recuperá-lo.

Tom Brady não tinha obrigação de buscar Robert Alford, de buscar uma virada que em 50 anos não aconteceu. Afinal de contas, ele já tem quatro títulos, já tem todo o dinheiro do mundo, tem uma família que parece perfeita. De onde tirar motivação? Eis a pergunta que fica.

Questionaram Tom Brady de novo, quando o jogo estava 28 x 3 faltando 8 minutos para o fim do terceiro quarto. Naquele momento, o Atlanta Falcons tinha 99,5% de chance de título de acordo com a ESPN americana. 0,5%.

Mais uma vez, Brady duvidou de quem duvidava dele.

Não existe, nem remotamente, uma virada em Super Bowl como a de ontem. A anterior era por 10 pontos. A de ontem, por 25 no segundo tempo. O que motiva uma pessoa assim? Não é algo egoísta, não é a vontade de ser o melhor "porque sim". No fundo do coração de Brady, ele ainda é aquele cara magrelo e desengonçado que foi rejeitado 198 vezes no Draft 2000.

Em cada oportunidade de entrar em campo, por mais perdido que o jogo esteja, ele doa o melhor de si. Isso, para mim, é o que tiramos do Super Bowl LI. Eu sei que ainda haverá torcedores, notoriamente de times rivais, que odiarão, que arrumarão desculpas para justificar o legado do camisa 12. É normal isso, até do ponto de vista sociológico e psicológico – como falei neste texto.

O que não é normal foi a forma pela qual Brady não se entregou. "Ele deu um jeito de arrancar lágrimas dos nossos corações", disse Chris Long, *defensive end* recém-chegado ao time, após a partida. Ele tinha todos os motivos do mundo para relaxar ao estar no topo. Ele tinha todos os motivos do mundo para desistir. Para desencanar. Para quem já tem tudo, algo a mais parece nada.

A questão é que Brady não faz pela posse em si. Não faz, em realidade, sequer por si mesmo. No fundo, é algo inconsciente – como o movimento de tentar o *tackle* após ser interecptado, decisão de menos de um segundo que não pode ser consciente. Não é algo imediato. É algo mediato. Não é algo de momento. Não é algo consciente. É amor, o mais puro amor ao esporte e à competição. É a vontade de vencer e de acreditar em si mesmo.

O Super Bowl LI demonstra que Brady pode não ser, necessariamente, o melhor passador. O que melhor lê o jogo. O que terá as melhores estatísticas. O que teve carreira mais gloriosa no *College Football*. O que foi escolhido alto no Draft. O mais atlético. O com release mais rápido. O mais inteligente.

Mas ele sempre será o com o maior coração. Isso ninguém pode tirar dele.

FINAL. AS CRÔNICAS QUE ESCREVI PARA MIM MESMO

Recentemente, experimentei um dissabor em minha vida que foi fruto, em essência, de não preparação.

Com o Draft se avizinhando, isso ficou na minha cabeça. Nesse sentido, como podemos relacionar a NFL à nossa vida do dia a dia? Mais: como podemos fazer que esses exemplos do esporte que tantos amamos sejam efetivos em melhorar nosso desempenho nas diversas searas práticas que temos diuturnamente? Pensei, refleti e cheguei à conclusão de que já tinha a resposta dentro de mim mesmo: elas estavam nesses dois anos desde a primeira crônica que escrevi no *The Concussion*.

Veja, a princípio, elas eram para você ler, não para que eu as lesse. Até porque seria um paradoxo que o emissor da mensagem seja o próprio receptor dela. Dá um nó na cabeça de qualquer pessoa que teoriza sobre comunicação. Neste caso, porém – neste caso meio triste, que é o estado de espírito que me encontro agora – acabei acidentalmente sendo receptor dessas mensagens que escrevi no passado.

Eita, ficou confuso.

Em suma, na maioria das vezes, nós temos as respostas para nossos problemas dentro de nós mesmos. O problema é que não nos lembramos disso quando estamos "na pior", quando repetimos em matemática ou quando a namorada nos larga. O corpo entra em estado vegetativo sob o ponto de vista racional - ou, como queiram chamar, falta de motivação. É para esses momentos que o nossos egos do passado tem de servir para algo – e o porquê de ser tão importante escrever. Felizmente, tive essa sorte – de escrever em crônicas futebolísticas para vocês (e que hoje me fizeram tão bem).

Assim, dá para afirmar que somos seres dinâmicos e que quem éramos no passado podemos não ser no futuro. Mas, que se perdermos dada qualidade ou crença em algo, podemos retomar ao fazer uma ponte com esse passado, neste caso, as crônicas que escrevi para vocês, mas também para mim mesmo - sem nem saber disso.

Em *A solidão de Brady,* revi que, às vezes, as coisas não dão certo na vida e que é preciso um momento de luto para digerir a dor. Para sofrer, mesmo. É um momento de concentração de forças para uma eventual retomada, como o *quarterback* do New England Patriots fez em fevereiro desse ano depois de perder o Super Bowl XLVI, objeto da crônica em questão.

Em *A espera de Aaron Rodgers,* lembrei que dependemos dos outros nos avaliando às vezes, mas que, acima de tudo, as coisas acontecem por um motivo. Você pode não entender bem o "mal necessário" na hora, mas eventualmente pode agradecer por ele. De toda sorte, a lição (ou como Esopo gostaria, a moral) desse texto é que coisas boas acontecem àqueles que esperam. A paciência é uma árvore amarga de frutos doces.

Em *O golfinho e a baleia,* recordei que nada que vem fácil é legal. Torcer por times "ruins" tem seu charme justamente por isso: você fica exponencialmente mais feliz quando as coisas dão certo porque não esperava isso – e efetivamente dá mais valor a elas.

Em *De zelador a jogador*, que o destino às vezes nos prega peças e que não devemos, em hipótese alguma, menosprezar alguém que está numa posição socialmente menor que nós. Você pode estar torcendo por essa pessoa quando menos esperar.

Em *O franchise quarterback da minha vida,* que às vezes as coisas não caem do céu e é importante se distrair e esperar enquanto a mãe dos seus filhos não despenca em sua vida do nada. A metáfora faz menção a relacionamentos – como tantas vezes fiz nessas crônicas –, mas pode servir para outras coisas. O *franchise quarterback* pode ser o emprego de seus sonhos ou qualquer outra coisa do gênero. Em essência, o texto lembra que não podemos parar nossas vidas enquanto ele não chega, precisamos, necessitamos de um plano B, do Ryan Fitzpatrick nosso de cada dia. Pode não ser o ideal: mas é o ideal para aquele momento.

Em *Comentar é humano,* fiz uma pequena análise daqueles meus então três meses como comentarista de futebol americano na ESPN. Mas, acima de tudo, lembrei que, quando você faz as coisas com amor, elas costumam dar certo. Que o desejo por vitória na vida, seja quem você for, seja qualquer posição que você tenha na sociedade, do nível altíssimo ao mais baixo social, quando você trabalha com muito amor e dedicação, *aquilo* vem. Sempre vem. Como Vince Lombardi dizia, o único lugar onde o sucesso vem antes do trabalho é no dicionário.

Em *O menino que queria ser Montana,* que precisamos de ídolos em nossa vida para que eles sirvam de exemplo, mas, acima de tudo, de norte. Tom Brady tinha Joe Montana como ídolo e norte quando criança. Em fevereiro, ele atingiu o ídolo com quatro anéis de Super Bowl e três títulos de MVP no grande jogo. Precisamos de norte, precisamos de referência.

E, finalmente, em *We're on to Cincinnati,* aprendi de verdade – impulsionado pela chateação do dia de hoje – que o passado é história. Desculpas não servem para absolutamente nada. Não adianta – até mesmo sob o aspecto da filosofia budista, vale lembrar – chatear-se pelo passado ou preocupar-se com o futuro distante. O passado você não pode mudar, já está feito. O futuro distante tem muitas variáveis e se preocupar com ele é literalmente *pré-ocupar*, haja vista que quase nunca conseguimos prevê-lo com acurácia suficiente que justifique o tempo gasto no presente. Em essência, este, o presente, deve ser o foco. Como Bill Belichick respondeu naquela coletiva pós-Apocalipse no Arrowhead, não importava o que acontecera em Kansas City ou o que aconteceria nos *playoffs* meses depois – o importante era o próximo desafio, o Cincinnati Bengals. Devemos tomar essa lição para nós mesmos. A vitória contra o Bengals foi o primeiro tijolo no muro chamado Super Bowl XLIX. Ele não veio sozinho e inteiro.

Enfim, foram coleções de pensamentos que fico feliz em ter compartilhado e, principalmente, de ter deixado como legado para mim mesmo neste momento não muito alegre. Não sei se eles ajudaram alguém em algum momento ou se foram apenas distração para os leitores. O que sei, de verdade, é que, se não fossem vocês, elas não existiriam. Obrigado por compartilhar esses olhos por estas palavras. Não têm ideia do que isso significa para mim.

Edições Loyola

impressão acabamento

rua 1822 nº 341
04216-000 são paulo sp
T 55 11 3385 8500/8501 • 2063 4275
www.loyola.com.br